不知火海と琉球弧

江口 司
Eguchi Tsukasa

弦書房

装丁＝毛利一枝
写真＝江口　司

〈カバー写真・表〉
天草・姫戸から見た不知火海の夜明け
〈カバー写真・裏〉
奄美のヒラセマンカイ

目次

【第二章】ニライカナイの海へ……49

【第三章】環境と伝承……81

【第四章】民俗と伝承

【第五章】シラの行方……193

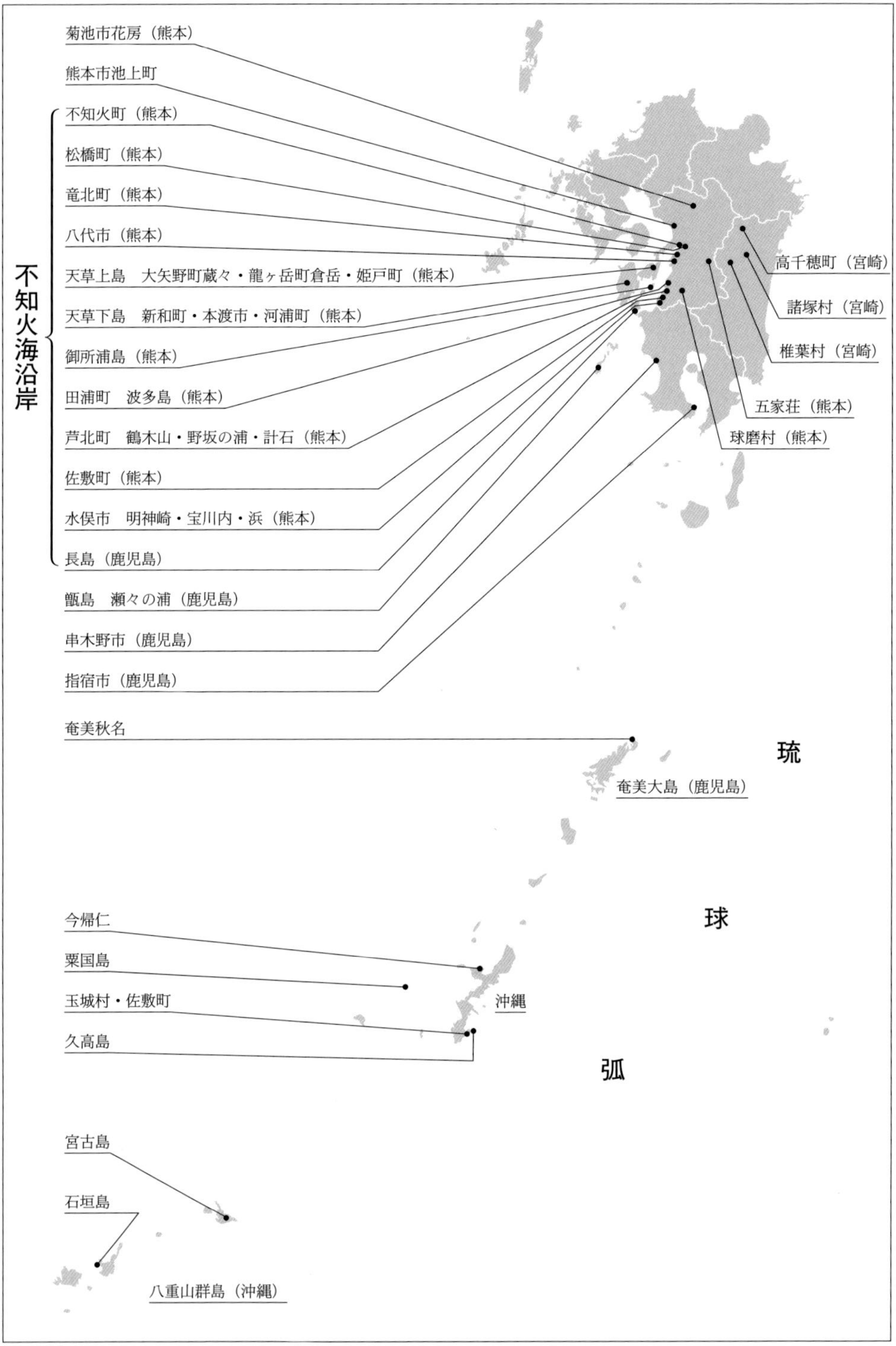

菊池市花房（熊本）
熊本市池上町
不知火海沿岸
不知火町（熊本）
松橋町（熊本）
竜北町（熊本）
八代市（熊本）
天草上島　大矢野町蔵々・龍ヶ岳町倉岳・姫戸町（熊本）
天草下島　新和町・本渡市・河浦町（熊本）
御所浦島（熊本）
田浦町　波多島（熊本）
芦北町　鶴木山・野坂の浦・計石（熊本）
佐敷町（熊本）
水俣市　明神崎・宝川内・浜（熊本）
長島（鹿児島）
甑島　瀬々の浦（鹿児島）
串木野市（鹿児島）
指宿市（鹿児島）
高千穂町（宮崎）
諸塚村（宮崎）
椎葉村（宮崎）
五家荘（熊本）
球磨村（熊本）
奄美秋名
奄美大島（鹿児島）
琉
球
弧
今帰仁
粟国島
玉城村・佐敷町
久高島
沖縄
宮古島
石垣島
八重山群島（沖縄）

本書に収録した「不知火海と琉球弧」関連の地名

はじめに――足元を歩く

九州脊梁の山々や里を二十数年ほど歩いて、今、私は〝花綵《はなづな》の琉球弧〟と称される奄美・沖縄・八重山と、その渚のさざ波にひかれるように南島の島々を少しばかり歩きはじめている。

ささやかながら民俗研究に足を踏み入れてみれば、南島は日本民俗学の泰斗、柳田国男《やなぎたくにお》・折口信夫《おりくちしのぶ》が扉を開いてくれた民俗文化の宝庫といわれるところであった。

九州から琉球弧、南島の島々はそう遠くない。そこで見たり聞いたりする民俗事象は新鮮な感動を呼び、次への小さな旅のくわだてとなる。

また、南島への道のりは、私が師事した民俗学者の故・小野重朗先生の足跡をたどる旅でもある。

小野氏は、若き日を戦前の沖縄で過ごし、南島歌謡の研究者であった。しかし戦禍に追われ、鹿児島に居を移してからは、精力的なフィールドワークで奄美や南九州の貴重な民俗文化の研究を数多く世に問い、日本を代表する著名な民俗学者となられた。

そんな小野氏の民俗調査に同行した折、奄美や沖縄に話がおよぶと、最後は決まって私に「南島を歩くより先に、足元の不知火の海辺を歩いてみませんか、面白いですよ」と言われるのである。

小野氏は、昭和三十年から四十年にかけて水俣、葦北、天草と不知火海周辺をめぐる山の神や民俗神の調査を行い、数多くの論考を残している。

中でも『山の神の地域性』（『日本民俗学』一三三）では、「葦北地方には南九州の他の地域では見られない民俗が幾つもみられることを知って驚いた」と記されている。不知火海沿岸・薩摩にかたよりをみせて残っている民俗神「矢房神《ヤブサドン》」（『民俗神の系譜』）の変容、特に天草地方に残る行事「コト」が日本の南限にあたり、本土の「コト八日」などと比べて「民俗としてはより古い姿をとどめている」という。そしてそれは「奄美、沖縄にも連なる古層の民俗ではないか」と（『コトの南限とトキ』）。つまり、そのようなフィールドが不知火海周辺地域なのだ。

昨今、漁民が山に植樹し、海と山の不可分な関係の環境論が唱えられている。不知火の漁師も山に登り、山の神に海の魚「オコゼ」を今も供えるという。

小野氏が不知火海周辺地域を歩いた頃から四十数年が過ぎた。その時代の調査をベースに不知火の海と山の今を訪ね、琉球弧の民俗文化と重ねあわせてみたい。

天草、新和町天附の入り江

＊本文中の地名は、市町村合併前の名称で表記しています。

【第一章】不知火の海から

節句浜（一）

海からのことづて

二〇〇一年三月二十七日午後二時、この日は旧暦三月三日で、最干潮は午後四時十九分、一年中でもっとも潮が引く日である。私は不知火海に浮かぶ熊本県八代市の大島を指呼の間に望む、天草郡大矢野町維和島《いわじま》の蔵々《ぞうぞう》の浜に立ち、やがてやって来るという女性達を待った。

数十分も経っただろうか、あちこちから貝掘りの道具を積み込んだ乳母車を押しながら、その女性達はやって来た。乳母車を堤防沿いの道に止め、次々に浜に降り、慣れた手付きで潮が引いた後の石についた牡蠣《かき》をうち、ビナやアサリ貝を掘りはじめ、浜は高齢の女性たちでうまった。

大正五（一九一六）年に蔵々で生れ、八十五年間この地で暮らしている橋本カオリさんは「今日はセックバマと言うて、この日浜に出らんと色が黒くなるとか、ビナを食べんと耳が聞こえなくなると言うて、皆んな浜へでるもんじゃった」と教えてくれた。

不知火海に向き合い暮らした人々、特に女性たちにとっては、旧暦三月三日は最も重要な日で「節句《せっく》浜《ばま》」と呼び、こぞって浜にでて貝類や海草などを採り、それを食べなければならなかった。

天草東海岸の牛深市深海《ふかみ》町から大矢野町まで、お年寄りを中心に女性たちへの「節供浜」についての聞き歩きからはじめたら、「色が黒くなる」「耳が聞こえなくなる」の言い伝えを全ての浜で聞くことができた。

ビナを採る橋本カオリさん。天草郡大矢野町蔵々

ところが、養殖業の盛んな浜では、数年前から漁協や保健所からのお達しで、貝や海草を採って食べてはいけないという。そのことを私に教えてくれたおばちゃんは「節句浜の日には、息子に車で外海まで連れて行ってもらう、外海はきれいかけん」と笑った。

節句浜（二）

ほのかな世界に近づく日

不知火の海に向き合う熊本県水俣市茂道《もどう》から宇土半島の三角町まで、主だった浜浦のお年寄りたちから、三月初旬、節句浜の言い伝えを聞いて歩いた。驚いたことに、天草とは違って「節句浜のビナ（ミナ、ニナ＝巻貝の総称）を食べんと、グジになる」と言うのだ。「黒くなる」「耳が聞こえなくなる」ではなかった。グジとは所謂ウジ虫のことである。

不知火海の中央に位置する天草郡の御所浦《ごしょのうら》島に渡ると「黒くなる」と「ミナを食べないとツツボ虫になる」が聞かれた。ツツボ虫はクマゼミの幼虫のこと。それでは、なぜ節句浜に出てミナを食べないと人は黒くなったり、虫になるのであろうか。ささやかな私見を述べてみる。

「我々から見れば沖縄は言葉の庫である。…中略…内地の方で損じたものが島では形を完《まっと》うしている」（『海南小記』第十九章）、合わせて民俗や信仰も「色々保存せられてあります」（「阿遅摩佐《あじまさ》の島」）と述べ

御所浦町長浦の浜で採られた「ビナ」。背景は竹島

たのは柳田国男である。

そのような奄美や沖縄の琉球弧では、旧暦三月三日は「浜オリ」と呼び、この日に浜に出ないと人は「カラスになるとかミミズクになる」と言う。これが、天草の言い伝えの「黒と耳」に通じるのではないかと思う。ミミズクは夜の鳥で、カラスとともに黒のイメージだ。虫も地中をうごめく。つまり闇の意味で、これらは黒の世界、遠いこの世にもどってこれない世界を表しているのではないだろうか。

沖縄では、人は死ぬと青（おう）の世界へ行くという。沖縄地理学の父と呼ばれる仲松弥秀氏は、著書『神と村』所収「青の世界」の中で、青は黄色と同じで、死者の世界はほの明るく、海の彼方の常世であり「ニライカナイ」である、と述べる。人の魂は、そこへ行くといつしかまた、子孫になって現世にもどれるという。そのニライカナイに一番近づける日が「浜オリ」の日ではなかったか。

不知火の海に向き合ってきた不知火人の死生観もまた、そのように思えてくるのである。

四手網

消えつつある伝統漁法

天草は、海に浮かぶ山国でもある。その下島の不知火海に面した新和《しんわ》町の山椒山（標高242メートル）から生み出された一筋の小さな流れが、山国特有の棚田を潤し不知火海に注ぐ。

水が生れ、そう長い時間をかけずにたどり着いた河口、天附《あまつけ》の入り江が、海と山の出合う場所だ。そこには、二月下旬になると約束したようにシロウオが帰ってきて、四手網漁《よつであみ》がはじまる。それは、かつてどこにでも見られた不知火の海に春を告げる風物詩だった。

天附でシロウオ漁を続けていたのは、大正八年生まれで今年八二歳になる太田繁長さん。この漁を引き継いで一五年になるという。

「えっ、漁師さんではないんですか」と私。

「あんたなあーんも知らんな、この天附には、漁で飯くっとるのは一人もおらんですよ。漁もちょこっとはするが、わしゃ百姓たい。四手網はな、この時期、わしのじいさんと、親父が年とってからしとったったい。わしもその年になったというこったい。他所でもしよったろ。えっ、もう他所はしよらんな？　二月の下旬から四月上旬まで、みんなやっとったがな。それでも、一〇年前までは、よう捕れたな。漁協の友達がおってな、漁協にだしたらキロ七〇〇〇円。そうな、一日五、六キロは捕れたな。でもそうはつづかんで、今は捕れて一日一キロ。そうな平均二〇〇〜三〇〇グラムたい。それで、じいさん達の時のように、近所に配ったり、家で食べるたい。なんな、食べたことがなかてな、酢醤油で生でもよかが、吸物に入るったい、この時期吸物が一番。近所の人も喜ぶたい。じいさんたちの時も、市場にだすなんてこたなかったけんな」。

天附の四手網は一・八メートル四方の網を四隅から対角線状に二本の細木で押え、それを支え木で吊るし水中に沈める。産卵にやってくるシロウオの群れが網の上を通過するとき引き上げる。大小の違いはあっても、かつて日本の各地で見られた古来漁法である。だが、その伝統的漁法も消え去りつつある。

〈上〉シロウオを待つ太田繁長さん　〈下〉シロウオ

農と漁

海と山の畑を結ぶ暮し

三月下旬、不知火海に浮かぶ「御所浦島《ごしょのうらじま》」（天草郡御所浦町）、大浦の浜を歩いていたら、南島のスコールのような強い雨に会い、泊《とまり》集落の家の軒先にとびこみ雨宿りをした。すると家の中から声がかかり、好意にあまえ玄関に入れてもらったうえ、厚かましくも島の暮らしの話をきいた。

その家のご主人、森薫さんは昭和九年の生まれで六七歳になられる。私が「漁師さんですか」と尋ねると、笑って「半農半漁ですよ」と答えられた。

森さんは、小学三年生の頃から畑にでて働いた。その頃の主食は麦とカライモで、肥料などを藁で作った農具に入れ、それを前後ろに担い、島独特の急傾斜の山の畑にはこんだ。一つも辛くなかった。島では当たり前のことだった。その畑がいつのまにか田圃になり、甘夏のみかん畑に変わっていった。田は一反ほどだった。しかし、その田やみかん畑に近ごろではイノシシが出没し、稲は作らなくなった。

海の漁も島の暮らしに欠かせない生業である。やはり、小さい時から浜にでて漁の手伝いをした。いつしか浜に堤防ができ、港に変わり、森さんも二五馬力ほどの漁船を操り、不知火の海にでる。タコやタイ、近ごろでは主にガラカブ（カサゴ）の一本釣りだ。

そんな海と山の畑を結ぶ祭りがある。旧暦十一月丑《うし》の日の山の神祭りだ。今はその日に、山の神の祠にお神酒とその時捕れた魚を供えるだけになったが、かつては藁ツトに麦で作ったダンゴを入れた物と、

森さんご夫婦。御所浦町大浦

必ず海の「オコゼ」を供えた。山の神は女で、何故か「オコゼ」が好きだという。

奥様のキノさんは同じ大浦から嫁にこられた。その時からいつも一緒に畑仕事や漁にでた。今、森さんは療養中であるが、体力も回復し、そろそろ漁にでるという。もちろんキノさんと一緒の夫婦舟だ。

亀乗の石像

海からやってきた山の神

御所浦島の大浦で雨宿りの後、雲の透き間から一筋の光が差している方へと誘われるように車を向かわせた。

その地、唐木崎《からきざき》集落は港から山手へ急傾斜の扇状地に数十軒が雛壇のように建っている。なにか嘘っぽい小説のような出逢いであったが、光が差していた場所は、集落を抜ける坂道の横にある天満宮だった。

車をとめ、歩き出し、本殿の脇の片隅に山の神と刻んである石碑と並んで安置してあった、高さ五〇チ《セン》の石像の前に引き付けられた。それは、ふくよかで眼のつりあがった女性の顔にあごひげをたくわえ、鎧をまとい、右手には剣、左手には独鈷《どっこ》の姿で海亀に乗った神像だった。

この地区の区長をされていた斉藤積さん宅を訪ね、亀に乗った神像の由来を聞いた。像は、集落の山

唐木崎集落の天満宮に合祀されていた「亀乗の神」

芦北町塩汲岳山頂に祀られる山の神

手に住んでいた八〇歳の方が祀っていたもので、その方が一〇年前に亡くなり、粗末になるといけないので集落の天満宮に合祀している。

詳細は解らず「亀に乗っとらすから、八代の妙見さんじゃなかろかと皆でいいよりましたが」との答えがかえってきた。しかし、妙見は亀に立ち姿で描かれているものがほとんどで、どうも妙見ではなさそうである。

特徴的な鎧について、専門家である熊本市の島田美術館長、島田真祐氏に写真を見ていただくと「神《じん》功皇后《ぐうこうごう》の様でもあるが、鎧は古墳時代を中心に用いられた挂甲《けいこう》に似てはいる」と教えていただいた。

神功皇后は女帝であるが、威厳をもたせるためにあごひげを刻んだことも大いに考えられる。というのも、芦北町の塩汲岳《しおくみだけ》の山頂に祀られる山の神像も髪や衣服は女性だがあごひげをはやしているのだ。

私は亀に乗る神像を見つめながら、ひそかに海からやってきた山の神ではないかと、矛盾した考えをもちはじめた。

産島

天草の伝承

天草下島の東海岸河浦町下平《しもひら》港沖、不知火海に浮かぶ産島《うぶしま》は、美しい島である。はじめてその島の存在を知ったのは十数年前で、河浦町と牛深市深海町の境界に座す標高四〇五メートルの六郎次山《ろくろじやま》に登った時だった。

鹿児島県の出水市、不知火海南端に面した平野で越冬したナベヅルの群れは、二月下旬から三月下旬にかけての天気のよい日に、六郎次山上空を渡って北の国に帰るという。それが見たくて山頂で夜明けをむかえたのだ。

水俣市方面から上がってくる三月の朝日は、不知火海を青（おう）の色の輝きに染める。そこにシルエットで浮かぶピラミダルな産島は神秘的でもあり、私の心に焼きついた。

二〇〇一年、久しぶりに出かけてその時に近い光景に再会したが、残念ながら翼をもった北の客人をその日見ることは叶わなかった。

産島は周囲五キロほどの島で、海岸近くに産島八幡宮が鎮座し、天草の近郷の女性たちから安産の神様として今も尊崇を受けている。そのことを産島八幡宮の由来として上層文化の側面から語られているので聞いてみよう。

伝承によると、神功皇后が半島に出兵された時、皇后は一五ヶ月もお腹に子をかかえたままだったが、

六郎次山からのぞむ不知火海に浮かぶ産島

不知火海を航行途上で産気づいた。そして船上では畏れ多いと、丁度通りかかった産島の海岸に上陸、そこで赤ちゃんを産んだという。その赤ちゃんが応神天皇ということになる。

産湯は、島にあった井戸水を使われた。すると、それまで澄んでいた井戸水が薄赤く濁った。現在もその時の色のまま伝えられている。だが、対岸にあたる集落の女性の方々に話を聞くと、何故だか元日だけは井戸水が青く澄んでいるそうだ。その日船で産島に渡り井戸水を汲んで妊婦に飲ませれば安産になり、男子を授かるというのである。

なお、九州内では、神功皇后がお産をしたという伝承の地は数十カ所にものぼる。

産島・亀島

竜宮からきた不知火人

不知火海にはもう一つの、古くからよく知られた産島がある。八代市古閑浜《こがはま》町の産島だ。その島を探すのに、そう時間はかからなかった。見渡す限り平地がつづき、空から見れば碁盤の目のような干拓地の真直ぐな道路が、余儀無くヘアピンカーブになる古墳の場所がそうで、こんもりと樹木が繁っていた。

そこは『肥後国誌《ひごこくし》』に記される「亀島、産島とも云う・八代より二里余・周廻一里余」とはとても思

産島貝塚　八代市古閑浜町

産島貝塚

えない光景を呈している。産島は、明治三十二年の郡築干拓《ぐんちくかんたく》によって陸地に浮かぶ島になっていたのだ。

　その産島南西部で、昭和三十七年に貝塚が発見され、貝類にまじり縄文式土器の破片や、古墳時代の箱式石棺と人骨も出土したという。現在、「産島貝塚」として史跡保存されている。私は、消え去りつつあるこの産島の呼び名の起こりに注目してみたい。

　伝承では、鵜葺草葺不合命（ウガヤフキアエズノミコト）がこの島で誕生されたことから産島になったという。

『古《こ》語拾遺《ごじゅうい》』（注1）によれば、トヨタマヒメが産気づき、島の海辺の渚近くに産屋を建て、屋根を鵜（ウ）の羽根で葺（ふ）こうとしていたところに産れた子どもだから「ウガヤフキアエズ」の名がついた。命（ミコト）が産まれると、トヨタマヒメは命を真床襲衾（マゴトオフスマ）と草（カヤ）に包んで渚におき去りにして、海神宮《わたつみのみや》に帰っていったという。

　トヨタマヒメとは、竜宮からやってきた海亀のようだ。あえて乱暴な私の考えを言えば、その海亀の子孫が不知火人であり、海亀をトーテムとして『肥後国誌』（注2）の云う「亀島・産島」と呼び、語り継いできたとも思えるのである。

　不知火のトヨタマヒメと天草・産島の神功皇后の子産み伝説が語りかけてくるものを私なりに読みとる旅をつづけよう。

（注1）『古語拾遺』奈良時代の官僚・斎部広成が大同二（八〇七）年に編纂した記紀にない記述がある日本の歴史書の一つ。
（注2）『肥後国誌』明和九（一七七二）年　森本一瑞が著わした肥後の地誌。

山姥

山々に伝わる子産み譚

産島で生れたウガヤフキアエズノミコトの父親は、記紀神話で云うところの山幸彦である。そのような不知火の上層文化の影響をうけた伝承と通じる庶民の側から語られる子産み譚が、消えかかる前の残り火のように九州山地に点在している。

故金山正氏の昭和二十九年刊『五家荘随筆』には、黒々とした丈なす髪で両の乳房が面に垂れるような姿をした山姥《やまんば》が、山中集落の老婆に自分のお産を助けてもらえまいかとぽとぽと涙を流しながら乞い、助けてくれたお礼に、老婆に富を授けるという話が収録されている。

また、九州脊梁の山里、宮崎県椎葉村では次のような話が伝わっている。髪が長く大きな乳房の山姥がお産をしていた。そこに猟師が通りかかり手助けをする。実はその山姥が山を司る山の神で、そのお礼として猟師に獲物を授ける。これには後日譚があり、猟師の女房が、獲れすぎた獲物を里に頭上運搬で頻繁に売りに行ったら頭が禿げていた。ある日、川面に映った自分の姿を見て、女の大事な黒髪がないことに気づき、その川に身を投げた。それが流されて海までたどりつき「オコゼ」になったという。それで山の猟師はオコゼを大事に祀るようになった。

このほかにも九州山地には、山姥と山の神が同様なお産をする話が伝わっているとともに、強調される特徴的な大きな乳房から、乳の神として祀られていることがある。

宮崎県諸塚村のある集落で、乳の神として祀られる「ヤマゴバジョ」

宮崎県椎葉村の猟師が祀っていたオコゼ

写真は、宮崎県の諸塚村のある集落で乳の神として祀られていた母子像で、地元では『ヤマゴバジョ』と呼び、かつて、乳の出の悪い女性から尊崇をうけ、かなり遠方からの参詣者もあったという。

この母子像が、何時の時代にこの地に運ばれ『ヤマゴバジョ』という乳の神を具現化した神像として祀られたのか、今は知る由もない。しかし、これと同一の像が、天草は本渡市で山姥を象《かたど》った土人形として作られている。

土人形

土偶を思わせる祈りの対象

天草の本渡市を中心に伝わる「土人形《どろにんぎょう》」という人形がある。言い伝えを本渡市歴史民俗資料館で教えていただいた。

江戸中期享保二（一七一七）年頃に、唐津藩出身の広田和平という人が本渡市の東向寺《とうこうじ》の屋根瓦葺きに来て窯を築いた。そのまま本渡に住みつき、東向寺参道に店を出し、生計として土で焼いた仏像や大黒さんの人形を作った。それが土人形の起こりだという。

当時の天草は、天草陶石を中心とした流通が盛んであった。文化の流入もそれで、何らかの理由で伏見人形がこの地に伝えられ、それが契機となって天草土人形作りが創始されたのではないかという説だ。

本渡市歴史民俗資料館に展示してある「山姥と金太郎」の土人形

土人形は、赤児の無事な成長を願う出産や節句の祝の贈り物として島民に親しまれてきた。中でも「山姥と金太郎」は、隠れキリシタンの地、大江や崎津《さきつ》では「マリア観音」としてひそかに拝まれてきたともいう。しかし、その様な場合と大切に保存したいという意識を持つ人以外は、節句祝いが終ると土人形を壊した。それは、現在のように医療制度が整っていない時代の祈りの構造に関係する。新生児に対してこの世で襲いかかると思われる災厄をその人形に託し、形代としていたからだ。流し雛もそうである。

また天草では、ただ壊されることが勿体無かったのか、「もてあそび人形」として子供たちのおもちゃとしても使用された。

このような壊される運命だった土人形と、祈りの対象で乳房を誇張した「山姥」の像をながめていると、その原像が遠く縄文時代の「土偶」を思い起こさせる。土偶はほとんどが女性であり強調される乳房をもち、妊娠状態を表現しているものも多い。さらに、手足などがバラバラで発見されているものがほとんどで、最初から壊されて埋められた可能性が高いと最近の研究では考えられている。

天草の「山姥」の土人形には、世の東西を問わず、古層の母神への祈りがある。

鶴木山

今も語り継がれる霊験の巫《かんなぎ》

四月、春がすみの不知火海を天草の龍ヶ岳《りゅうがたけ》町大道《おうどう》港からフェリーで芦北町の佐敷《さしき》港に渡った。迎えてくれたのは、万葉集にも歌われた「野坂の浦」をはじめとしたリアス式海岸とその背景にかすむ鶴木山《つるぎやま》だった。

芦北の海岸沿いから山間部まで聞取り調査をして歩いた。その結果、幾人かの方の話の中から、鶴木山に「地蔵さん」と呼ばれ親しまれ、九〇歳で没したある女性民間宗教者を知った。

その女性はいわゆる霊能者だった。霊能者は、かつて医療制度が整わなかった時代にはどこにでも存在し、地域住民から大小さまざまな相談を受ける、今でいうところのカウンセラー的存在であった。その霊験性が語り継がれる話の中に、新生児と山の神とオコゼに関する例があるので紹介してみる。

山里の農家で男の子が生れた。ところが、赤児はまもなくさすらった（病気になった）。そこで、心配した産婦の父親とその家の義父が、鶴木山にでかけて女性に相談した。産婦の父親は山間部の農家だった。この地方では頻繁に農作物を荒らす猪の害にあうのでワナ猟をする。女性は「わなにかけた一匹に成仏していない魂があり、それが原因だ」と言った。そして「猪は山の神の使いであるから、山の神がすきな海のオコゼを供えれば赤児のさすらいは治まる」と託宣した。

そこで、父親は早速、計石《はかりいし》の漁師にオコゼの漁をたのんだ。オコゼを手にした父親は猪が成仏して

不知火海を背景に御番所に立つ長田王の「野坂の浦」歌碑。芦北町
あしきたの野坂の浦ゆ船出して水島に行かむ波立なゆめ
（万葉集　巻三　二四六）

いないと思われる場所に行き、オコゼを供え山の神に祈った。すると、しばらくして赤児は元気になったという。もちろんその赤児の病気が病院での治療で治ったことは家族も認めるところである。今、その赤児は二二歳の屈強な青年になっているとのことだ。

松ヶ崎

入り江を見守るほおづえをつく石像

梅雨に入り、不知火海に面した芦北町、計石港の対岸にあたる野坂の浦の浜を歩いていたら、穏やかな顔でほおづえをつき、このまま風化してしまうのではないかと思えるような古い石像に出会った。その石像は、北から佐敷《さしき》川、南から湯浦《ゆのうら》川が出合い不知火海に流入する入り江に突き出た女島平生《めしまひらばえ》地区の小さな岬「松ヶ崎」の磯で、入り江を見守るように鎮座していた。海上の船からだとその姿が望まれるが、陸からだと干潮時に海岸を歩いて行かなければ気づくことがない場所だった。

近くの集落では田植えの真っ最中、ちょっと気が引けたが、年配の方が休まれている時、少しばかり話を聞くことができた。

地元では石像のことを「マツガサキさん」と親しみを込めて呼んでいる。左手を頬にあてた姿から「歯の神さん」として親しまれた。医療制度の整わなかった時代、近在の人たちは「虫歯が治るように」

ほおづえをついた「マツガサキさん」。眼差しの先には不知火海の入り江が見える。芦北町

と年令の数だけナツマメ（空豆）を供え、願い拝んだという。その姿からお地蔵さんのような存在ではあるが、詳しい由来は分からないらしい。

「石像はなぜ入り江を向いておられるのでしょうかね」と一人の年配の方に質問をむけた。するとこんな答えが返ってきた。「昔の人の話では、佐敷川と湯浦川の上流で水難事故にあった遺体は、必ずここの岬に流れ着き入り江を漂うと言っとりましたな。自分が知ってる限りでも、昭和十年前後に芦北で起きた大水の時もそうでした。佐敷川と湯浦川から数人の水死者が流れてきて入り江で漂っていたとです」。そして「『マツガサキさん』はその時よりもずーっと古くからおられるとです」とつぶやかれた。

「マツガサキさん」の名で親しまれ、ほおづえをつき、片膝をたてた座像。その穏やかで優しく慈悲にみちた眼差しの先にある入り江では、白い鳥たちが数羽飛びかっていた。

ヤフサさん

消えゆく小さき神々

私は民俗調査の折々に出会う「小さき神々」がたまらなく好きである。例えば、九州山地では「蝿は神さま」だと教えてくださる幾人ものお年寄りに出会った。

ヤフサさんのあった場所に案内してくださった平生勉さん

小さき神々は、豊かすぎる現代社会からは想像もできないかつての暮しの中に根付き、人々に頼られ心の支えとなってきた。ある時には恐れられ、遠巻きに祀られる神であった。だが、そのような小さき神々は今、刻々と消え去っている。

芦北町の野坂の浦の磯には、平生《ひらばえ》地区の人たちから「ヤフサさん」と親しまれる神さまがおられると、教えてもらい嬉しくなった。小さき神の中には最初から小さき神ではなかった神もあり、ヤフサ神もそれであった。

ヤフサやヤブサ・ヤクサさんと俗称される神が、南九州の西側、特に薩摩半島、甑島《こしきじま》、不知火海に面した天草と田浦《たのうら》町に点在している。昭和三十年代にこのことを調査した民俗学者小野重朗氏は、『民俗神の系譜』所収「矢房神（ヤブサドン）」のなかで、もうその時にはすでに神格が曖昧なヤフサ神は「天台八房八大龍王であり、天台系の修験者によって伝播されたもので、その性格は龍神であり水神であると思われる」と述べている。

ヤフサ神は神仏混交の時代に不知火の地に広まったのであろう。後に、為政者の力が影響した新しい神社の隆盛にとって変わられ、本来の性格など忘れ去られてしまった。村人が捨てられない集落神として昇格するが、それ故に零落し、小さき神になってしまったと思えるのである。

平生のヤフサさんは、現在、鶴木山から女島を結ぶ広域農道の建設のため、その小さな社は取り壊された。道路が完成した後、新しく前と同等の社が別の場所へ移築されるという。その場所に案内してくださった大正生れの平生勉さんは「ヤフサさんから火の玉があがるのを見たという人もおり、強い神さんのようです。大切に扱うよう、役場に掛けおうとります」と語ってくれた。

波多島

山幸彦を祀る矢具神社

ナガシ（梅雨）の季節が終盤に入った。アジアモンスーンの東の端、私達の花綵《はなづな》の列島は、これからが台風シーズン。そして稔りの秋の乾期を迎えるまで、避けることの出来ない雨期を過ごす。

ことに梅雨の雨は、畑作にも稲作にも農耕に必要欠くことのできないものである。だが鎌倉時代の三代将軍、源実朝は「時により過ぐれば民のなげきなり、八大龍王雨止め給え」と歌っている。かつて不知火で崇められたヤフサの神「八大龍王」は、水を支配する水神として敬われる一方で「過ぐれば民のなげき」を起こす龍神でもあった。

田浦町の在《ざい》、清水には「ヤクササア」というヤフサ神が、今も五軒の氏子によって大切に祀られている。薩摩半島でもヤフサは「ヤクサ」とか「ヤク」とか呼ばれることが数例ある。

リアス式海岸で連なる田浦町の波多島《はたとう》地区には、安産、育児、豊漁の神として、大祭の旧暦九月二十七日に近郷、近在から大勢の人たちが訪れる「矢具神社《やぐ》」がある。「ヤグ」という呼び名が気になり、同町の清水や近隣の古老の話を聞いて回ると、ヤクササアと矢具神は同じ神様だったという。

薩摩や天草などのヤフサ神がヤクサになった理由の一つに、祟り神的強い性格が反転し病気やケガなどを治してくれるのではないかとの願いから、薬師（ヤクシ）と混同されたことがある。また、矢の字があてられ、荒い神であるということと、時代背景が文化神の戦の神（武器の神）と勘違いされ、「矢

〈上〉田浦町波多島の浜。矢具神社が建つ場所は、かつて不知火の波が洗っていたという。現在は、鹿児島本線がその間を通っている

〈下〉田浦町在清水の「ヤクササア」が祀られる社

具」と呼ばれたようだ。田浦在のヤクササァは、社も小さく細々と祀られてきたが、波多島の矢具神は立派な社殿をもつ神社に鎮座している。

矢具神社の社は、不知火海に面して建っている。現在は、その間を鹿児島本線が寸断して通っているが、かつては不知火の波浪が社を洗ったという。そして、その祭神は「彦火火出見命《ひこほほでみのみこと》＝山幸彦」と「豊玉姫命《とよたまひめのみこと》」である。

トヨタマヒメといえば、八代の産島のいい伝えが蘇る。私は、梅雨空から時折日がさす午後、波多島の波打ち際に立った。そして、海神宮《わたつみのみや》から上陸したトヨタマヒメが鵜の羽根で屋根を葺いた産屋の建つ、いにしえの浜辺の光景を思い浮かべた。

【第二章】 ニライカナイの海へ

ミルクガニ

かつては麦作の肥料

不知火海の南に位置し、獅子島と長島にまたがる鹿児島県の東町《あずま》は、九州屈指の海洋養殖基地である。一九八七年の梅雨の頃、そのハマチの養殖生簀を、赤金色の生物の群れが幾重にもゆらめくカーテンのように包んだ。新種の赤潮の発生かと島は騒めいた。だが、その訪問者は養殖には影響のない「オヨギピンノ」と呼ばれる甲幅が四ミリほどの小さなカニの大群で、それまで東町の漁民が見たことのない突然の来客であった。

オヨギピンノは、中国、韓国、日本の大きな内湾に生息し、何故か集団で泳ぐ特異なカニとして知られている。方言名は「ミロクガニ」。特に有明海の諫早湾などでは一〇年から二〇年に一度の割合で大発生し、巨大な群れがオーロラのように海面を漂うという。その様な有明海の風物詩が今は不知火海で見られる。ミロクガニは有明の海を捨てたのだろうか。

ミロクという呼び名が気になって、東町から水俣、天草の御所浦まで不知火海沿岸の年配の漁師さんを中心に聞いて歩いた。東町の方々は、ミロクガニは三角瀬戸《みすみのせと》からやってきて、以前はいなかった。水俣、芦北、八代では、今はよく見るが以前は分からず、名前も知らなかったという人が多かった。一番よく知っていたのは天草の大矢野町の方々であった。名前を「ミルクガニ」と呼び「ミロク」とはいわない。蔵々港の大正生れの方は「小さい時から、梅雨があけると父親に連れられ、北の有明海にミルク

不知火海を漂うミルクガニの群れ

ガニを捕りにいった。カニは麦作の施肥料のために必要欠くべからざるもので沢山捕って大きな肥甕につめた」と話してくれた。

現在の天草は、棚田が美しい早期米の産地として知られる。だが、かつての天草の食生活を支えてきたのは麦とイモであったことを、今回も、多くのお年寄りが教えてくれた。

ミルク神

海の彼方からやってくる世果報《ユガフ》の船

釈迦が入滅してから五六億七〇〇〇万年の後、この地上に弥勒菩薩《みろくぼさつ》が出現して衆生を救うと信じられた弥勒信仰。現代社会では、遥か彼方に行ってしまった信仰のようでもある。しかし、かつて日本各地にミロク信仰が広まった時代があった。

宮崎県椎葉村の古風を伝える嶽之枝尾《たけのえだお》神楽の神歌には「ねいづる山と入る山と、山とこたえし山人の、山とさかゆる弥勒の世にこそめんぐりようた」とミロク世が歌われる。

沖縄の八重山《やえやま》新川には次のような歌がある。「東アラチュル　ナユシチュル　大船ヤ　ミルク世ドゥヌセオウル」（東方海上の彼方から、豊作の世のミルク世を満載した異形の船が島に着く）という歌詞である。

とりわけ中世末からつづくといわれ、民俗学者の柳田国男も、弥勒の出現を海から迎え、豊穣の世を願う常陸（茨城県）の鹿島《かしま》のミロク信仰と、遠く隔てた沖縄の、中でも八重山諸島のニライ（海の彼方の常世）から豊年祭に現れ、実り豊かな豊年の世（ミルク世）を願うミルク信仰との伝承態の類似点に着目した。晩年の論考「みろくの船」（『海上の道』所収）で、八重山から鹿島へと伝播した可能性を述べている。

二〇〇〇年九月に、沖縄本島から西北に五七キロ離れた粟国島《あぐにじま》を歩いた。粟国の農業は甘藷《かんしょ》と粟と麦作だったが現在は耕作する農家はない。しかし、ここにはミルクガマと呼ばれるミルク信仰の拝所があり、三月には麦の収穫儀礼である穂祭があった。「ミルクは農作物の守護神でニライカナイ（海の彼方の常世）から来る」と、島を案内してくれた古老は教えてくれた。

有明や不知火の海に一〇年から二〇年に一度、大群で忽然と現れるミルクガニ。おだやかなる青（おう）の海上を赤金色のオーロラがゆらめく光景に、不知火人が「ミルク世」を願ったと思うのは私の穿った考えだろうか。

沖縄の渚

八重山・竹富島のミルク神面

鼠の常世

ニライカナイからの使い

不知火の海にはむかし、鼠の常世《とこよ》があった。次のような話が伝わっている。

むかし、長崎と薩摩の鼠が、それぞれの国が飢饉で、お互いに相手の国に行けば食物がえられようかと大勢で舟に乗り漕ぎ出した。丁度、不知火の海上で出会い、双方の話を聞きあえば同じ状況だと知る。それではせっかく渡っても甲斐がないと、長崎の鼠がまず一匹、「チュウチュウ」と泣きながら海にドンブリと飛び込んで死ぬ。次に薩摩の鼠が同じように飛び込んで死ぬ。次々と双方の鼠が死んでいくという、話し手と聞き手がやめないかぎり、果てしのない話である。このむかし話は、不知火湾岸に沿った村々で語られていたと、昭和四年に柳田国男が『遊牧記』に発表している。

『肥後国誌』には、八代市の球磨川河口沖に「鼠蔵島《そぞうじま》」があって「俚俗かくれ里と云い鼠多し。この島にて猫の声を禁ず」と記す。

また、江戸時代の旅行家、橘南谿《たちばななんけい》の『西遊記』には次のように記す。「肥後と天草の島との間、海中に小さき島あり。いかなることや、此の島には鼠昔よりおびただしく、元より小さき島なれば人も住まず、たゞ鼠のみなりといふ。この海を通う船にては、三味線を引くことを船頭堅く留めて許さず。もし此の辺にてこの禁を犯せば、必ず波風大きに起こりて危うきことあり。三味線は猫の皮にて張りたるものなれば、鼠の忌む故なり」

球磨川が流れ込み色を変える不知火の海。鼠蔵島沖の大小築島と根島（鼠島ではなかったか）

柳田国男も「鼠の浄土」(『海上の道』所収)の中で、「日本で一ばんよく知られているという、八代の鼠蔵島の鼠の話」をもとに論考をすすめる。農作物に害を与えるにも関わらず、かつての日本人がなぜか鼠を疎かにせずにしてきたという事例をならべ、「特に沖縄や奄美では、海を泳いで渡る鼠に、『カナシ』という尊称までつけていたことから、鼠をニライカナイや海の神の使いと信じたのではないか」と述べるのである。

鼠蔵島

山幸と海幸が出合う漁場

弘化四(一八四七)年、干拓によって陸続きとなった鼠の常世「鼠蔵島《そぞうじま》」一帯は、九州脊梁《せきりょう》山地に源を発した球磨川の流れが肥沃な養分をもたらし、広大な汽水域となって不知火の海と出合う場所である。言わば山幸、海幸の出合う豊穣の漁場であった。

近年の鼠蔵島の漁業は、干潟の減少でアサリ漁が振るわず、主に一年を通してのコノシロ、スズキ、ボラ、コウイカといった漁種を近場の沖でとる小型定置網漁と、球磨川の真水が影響する塩分濃度と砂地が相まって育てるクルマエビ、スエビ(ヨシエビ)の漁である。その鼠蔵島で生れ育ち漁業を営む平田剛さん(五五)は、十九歳で父の後を継いだ鼠蔵島五代目漁師でもあり、川辺川ダム建設による不知火海への影響を懸念し、建設反対を二〇〇一年決議した八代漁協の副組合長でもある。

　二〇〇一年七月二十二日、平田さんの船に乗せてもらい鼠蔵島を眺められる漁場へでた。

「定置網は年中です。大体毎日、潮の具合で漁にでますよ。魚は八代の市場におさめます。バッテン海が急速に弱ってきました。五二年の間、海と川との関わりの中で、水からはなれることなく、暮してきたつですが、気がつくと目の前のシジミがいなくなり、アサリも平成四年ごろまでは豊漁で八〇〇万円ぐらいの漁獲高があったのが、今はさっぱりです」

　平田さんは環境悪化に危機感を募らせる。

「子供のときには、なにも不思議に感じなかった、あたり前の自然と思っとったことが、だんだん消えていくですね。特に球磨川が運んできた砂地の部分、こっちでは『サス』と呼んでいるんですが、この『サス』の干潟にアマモ(注)がびっしりと着いて藻場ができます。そこが小魚や甲殻類の産卵場だったとです。特にサヨリやモンゴウイカなどの大型魚類がそれを餌にやってきて豊かな漁場を形成していました」。その藻場の主役『アマモ』は、平田さんの話によると昭和四十年代から減少を始め、五十年代にはほとんど無くなってしまったという。アマモは冬に芽立ちはじめ、夏場には幅五ミリから一センチ以内で高さ一メートルほどに育つ緑まばゆい海藻である。これが、干潟に二〇〇メートルほどの幅で付き、日奈久から球磨川河口の鼠蔵島まで十数キロ緑のベルトが続いていたのである。「満潮時にその付近を船で進むと、藻場にスクリュウが絡んでその時は厄介な気もしましたが、年々、見る見るまに消えて行くのにはあっけにとられました。今は、そのアマモが何株もありません。悲しい事です」。そして最後に平田さんは「その藻場で育つクルマエビには生きた真水と海水が必要なんです。ここの漁場の豊かさは球磨川がもたらしとるんですよ。もうこれ以上の球磨川の環境を悪くするダムはいらないですよ」。静かな語り口だが、

わずかに残っているアマモを愛おしむ平田さん

球磨川の淡水と不知火海が出合う漁場で海の環境について話す平田剛さん。
後方が陸続きになった鼠蔵島

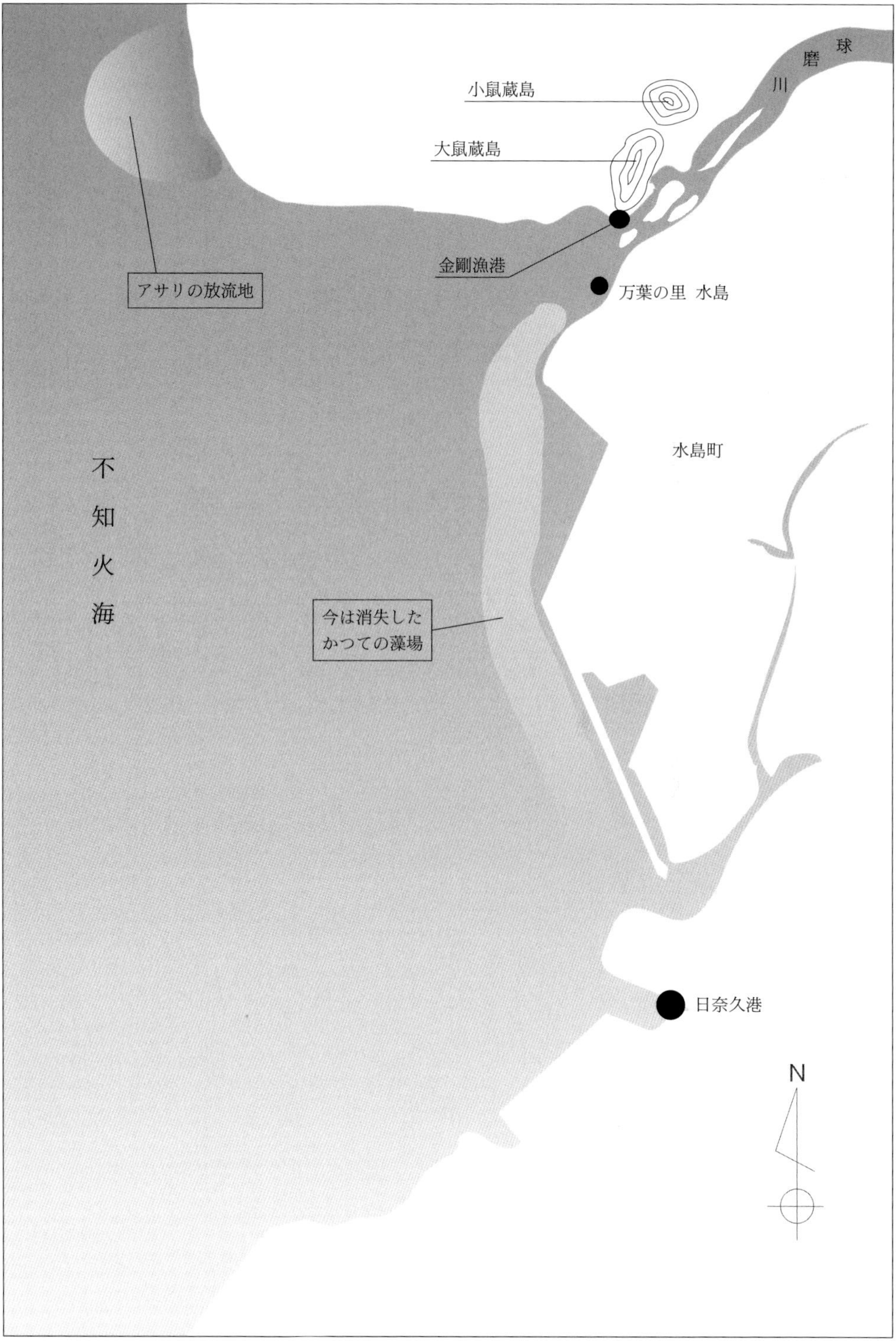
球磨川
小鼠蔵島
大鼠蔵島
金剛漁港
万葉の里 水島
アサリの放流地
水島町
不知火海
今は消失した
かつての藻場
日奈久港
N

不知火の漁業の未来に希望をもって舵をとる漁師の姿を見た。

　現在、八代漁協では八代高専の仲介の研究者を招き、藻場の再生計画の学習会をはじめている。そんな中、熊本県水産振興課は二〇〇二年十二月から五カ年計画で、水俣芦北地域の海岸に「藻場造成事業」を実施する。ところが、その藻は水深のある岩場に生えるガラモといわれる海藻で、球磨川や氷川など大きな河川がつくりだした干潟に豊かな藻場を形成していったアマモではないという。初年度は各地点の調査と地元漁民から意見を徴集した。漁民からは従来の環境にあったアマモの増殖に取組んで欲しいとの要望が出されたが、県はガラモの造成を進めるという。

（注）アマモは植物図鑑によれば、海藻類とは違い海産顕花植物とある。古名は「モシオグサ」。古く日本の食塩はこのアマモを海辺で焼いて作ったという。万葉集九三五に「―夕なぎに　藻塩やきつつ　海をとめ　ありとは聞けど　見に行かむ―」がある。よく知られているのは、百人一首の定家の次の歌であろう。「来ぬ人を　まつほの浦の　夕なぎに　焼くや藻塩の　身もこがれつつ」とその光景が歌われていて「藻塩」草がそれである。また、別名を植物名中最長の「リュウグウノオトヒメノモトユイノキリハズシ（竜宮の乙姫の元結の切りはずし）」。沖縄の米軍基地予定地の名護市海浜は国内唯一のジュゴンが見られるが、そこは、その餌となるアマモ類の群生地でもある。二〇〇二年には熊本県の天草牛深市沖にジュゴンが姿を現し話題をよんだ。

サス

アサリの行方

アサリが消えた。金剛《こんごう》干拓地先の広大な干潟では、この四年間アサリ漁がまったくできなくなっている。アサリが消えたのである。

二〇〇三年四月十八日、鼠蔵島五代目漁師平田剛さんの船に乗せてもらい八代漁協の方々と金剛干拓地先の干潟に立った。この日は大潮、漁協が取組んでいる調査に同行させてもらって干潮時に干潟にあがったのだが、平田さんたちに言わせると干潟の面積が狭くなっているとの事。それはどういうことかといえば最干潮時、以前のように沖まで潮が引かない、一〇〇メートル以上引かなくなっているのだそうだ。

目的地には竹の杭で囲いがしてあり、アサリがエイの餌にならないよう網もはってある。この日は熊本県と八代市の職員もやってきていて全員で放流したアサリを探したが、アサリは数個しか見つからなかった。昨年は三トンも入れられたが物の見事にアサリはいない。ツベタ貝（蜷＝巻貝の一種）に食べられた痕がある貝殻がこれも数個見つかったぐらいで、この日も何が原因でアサリがいなくなったかは解らないという。年配の漁協の人にアサリは動くのですかと聞くと、「ハマグリはドロッとしたものを吐いて二〇キロぐらいは動くな、しかし、アサリが動くちゃ聞いたこんなかな」と答える。

アサリ貝を放流している場所は地元でサスと呼び干潮時には歩きやすい砂地になっている。だがこの砂地は近くの川底を浚渫した際、掘り起こした砂を播いたものだという。そこから平田さんにアマモが数株生育している場所に案内してもらい歩いていった。

初めて間近にアマモをみたが美しいものである。かつて満潮時の浅瀬の海中はアマモが林立し、さながら海中のジャングルのようになり、そこにサヨリやモイカが産卵にやってきて豊かな漁場になっていたのだろう。

その様子を六十年配の漁協の方は次のように語る。「わしが小学校の六年生のころはな、こんナガモ（アマモのこと）に銀波のように、サヨリが風波のように押し寄せてきて産卵しよったな。そのころ手漕ぎの舟の櫓がアマモに絡んで漕ぐこたならんだったな」

さらに歩くと砂地でなくなり、極端に足をとられる潟地となる。するとそこにはコアマモの群生地が点々と広がっていた。素人の考えだがコアマモの方が汚染に強い植物に思える。そんな風景だ。

一週間後、干潟にはまた七〇〇キロものアサリ貝を放流するという。

ところで、二〇〇三年五月九日付け熊本日日新聞紙上には、「有明海アサリ復活の兆し」の大見出しがおどった。県漁連によると四月の共販実績で前年比の七倍の収穫があったという。採れているのは熊本市内の各漁協で、県北や宇土半島でも軒並み増加している。これを漁協は、盛り砂やアサリの天敵トビエイを徹底的に駆除したことが功をそうしたという。しかし、県北では熊本市ほどは収穫があがっていないという。

緑川河口について熊本県立大の堤裕昭教授（海洋生態学）のコメントが次のように載せられている。「漁協が取組んだ盛り砂の効果もあるが、全体的な増加は上流の川砂採取を禁じたことで、干潟への砂の供給量が増えたのでは」との分析だ。ならば、球磨川河口干潟へも砂の供給を急いでもらいたいもの

サスの干潟でアサリの生息調査をする八代漁協

だ。

また同紙は、トビエイについて、長崎大学・山口敦子助教授の「トビエイの駆除がアサリ増につながったという単純な話ではない。エイを駆除し過ぎて自然界のバランスを壊すということにならないか気を配って欲しい」という指摘を載せている。

この数日後、インターネット上で、有明海の若い漁業従事者が、その駆除されるエイについて次のようなメッセージを発している。


五月二十日からハトエイの駆除がはじまった。繁殖時期に合わせてである。一キロあたり二百円で県が買い取るのである。もちろん焼却処分だ。理由はアサリ、タイラギを食い荒らすエイ、特にハトエイは商品価値もなく「害獣」だとか……。エイは魚類でありながら哺乳類と同じように体から子供を直接生む、胎生である。生まれたてのエイは水槽で飼いたいほどかわいい。害獣として駆除するために県が何百万も予算を出す、それで解決するのか？　それで他になんの問題もないのか？　近い将来、ハトエイが有明海から姿を消すのは間違いなさそうだ

ガゴ

子どもを守る不知火の妖怪

不知火海沿岸には、姿が見えない妖怪「ガゴ」がいた。

「ガゴ」について調査記録（昭和二十四年～）したのは、元熊本商科大学学長でラフカディオ・ハーンの研究者でもあり、ヤマワロ・カッパの論考で知られた丸山学氏である。その資料著作『熊本県民俗事典』によれば熊本県で「ガゴ」が出現するのは、球磨川流域から南の水俣地域までのようだ。そこから数例を省略してあげてみよう。

《八代市日奈久下塩屋の八十八歳の老人は山の神様は何と云うかときくと「ガゴ」と呼ぶと答え、ガゴはじんつう（神通）だからどんな姿をしているかわからぬ》

《山の神は一年に何回も人里におりてくる。最初が正月十一日。この日は村人が集まり魚や餅や水を丼に入れて、ガゴに供え、お坊さんにお経もあげてもらったあとで、その供物を外に置く。ガゴが家の周りに来ていて取って食べる。これをガゴ寄せといって、供物が沢山なくなるのをよろこんだ。それはその年にそれだけ多くのガゴがきて加勢をしてくれるから。ガゴ寄せの時、ガゴの悪口を云うとその人はおこりになって苦しめられる》

《七月七日の半夏の日に下りて来てガワッパになって田の草をとる。八朔の日に再び山にかえるので御馳走して送る。山にかえる時刻は八朔の晩、不知火の出る前だといい村人は不知火の見えるところに

集まって送った》

《山ではガゴとは呼ばないで「ヤマンワッカシ」と呼ぶ。山でひとりでうろうろしているとガゴに憑かれる。言葉のわからぬ子供にはガゴが見えて泣き出す》

《木コリはガゴと仲がよく仕事を助けてもらう。山で酒を飲むときは必ず最初にガゴに供える。（日奈久山下）》

《ユキガゴジョは肥後の南で非常に広く使われる怪物の一般名称で、子供を脅す時などにいつも使われる。（八代郡下松求麻村）》

なかでも注目したいのは次の二例である。

【ガゴニカマセル】この村では子供が駄々をこねたりすると親がよく「ガゴに噛ませるぞ」と云っておどす。子供を夜などどこかに使いにやろうとすると「ガゴが居るから行かれん」とまじめに訴える子供がある。（葦北郡湯浦村）

【ガゴ】二見村山の口集落の山本藤吉という六九歳になる老人が自分の祖父の話として語ったところによれば、或る時この祖父が山開きをしたところがその後に膝が痛んで動けなくなった。そこで祈祷師をやとって見てもらうとそれは山開きをしたためにそこにいたガゴが棲居を失ったために祟っているのだとのことであった。これをきいて老人は重い足をひきずって山に行って大きな声で「俺が俺の山を拓いたのに祟りをするとは何事か」とさけんだ。そうするとガゴ共は「それは自分たちが悪かった。併し自分たちはお前が山開きをしたので棲居がなくなって困っているが、どこか安心して棲める場所をあたえてくれ」とたのんで来た。そこで祖父が「上の林に棲んだらどうか」というと、ガゴ曰く、上の林に棲んでいてもお前の子孫がまたいつ拓いてしまうかもしれぬ。そこで祖父は川のほとりの木の根元に棲んだらよかろう、但し子供がその木であそんでもいたずらしてはいかんぞ、と約束した。間もなく老人の膝の痛みは去った。そして毎年この川の岸の木に登ってそこから川の中に飛びこんであそぶ子供があるが怪我をする子供は決してない。子供たちはこの木を「ガゴの木」と呼んでいる。

（葦北郡日奈久町）

この話には、かつての焼畑農耕における遷地が語られていて、ガゴは地霊の零落した姿の妖怪とも思え、山（森）から川の畔の一本の樹木へ棲居を余儀なくされる。そして子孫を守る役目を負わされる。それは、焼畑から水田稲作への移行を物語っている。しかし、隣接する葦北周辺の多くの地域で聞かれるヤマワロからカッパへの変化はなく、今もガゴと呼ばれ河畔にその証しの「ガゴの木」が残っているのである。

丸山氏は、ガゴについて、「ヤマワロとガゴは似ているが、ガゴは『怪物』と云うような汎称であって、ヤマワロのような明瞭なイメージを伴っていない」として、「ガゴについては他日更に詳しく報告する」と記しているが、私は前述の『熊本県民俗事典』の事例の他には見出していない。

さて、ガゴとはどのような妖怪であろうか。柳田国男は『妖怪談義』の序文のなかで「我々の畏怖というものの、最も原始的な形はどんなものだったんだろうか。何がいかなる経路を通って、複雑なる人間の誤りや戯れと、結合することになったのでしょうか」と、問いかけるように述べて、『日本霊異記』の「昔大和の元興寺の鐘楼に鬼がいて、道場法師という大力僧に退治せられ。それゆえに妖怪をガゴゼという「ガゴゼ＝ガンゴウジ」説を「単なる学者の心軽い思い付きが、多数の信奉者を混乱させた例」

八代市二見下大野町山の口に残る「ガゴの木」

と切り捨て、柳田は各地の妖怪の呼称を手掛りにしてその根拠を論じ、ガゴの原初的な古意を明らかにしていく。

妖怪古意―言語と民俗の関係の項では、東北秋田の有名な「ナマハゲ」（ナモミハギ＝ナモミは火班、それを剝ぐ意）など来訪神の現れるときの声の説明からはじめていき、「ガゴ」と「モウコ」と称する妖怪の列島における分布を説く。ガゴと同様に子供を脅す妖怪「モウコ」は、東北六県、富山県の北部、石川県の金沢、静岡県の一部に「モーモー」。鹿児島県「ガモ、ガモジン（ガゴ）。長崎県「ガモジョ」（アモジョ）。出雲「ガガモ」。島根「ガガマ」。加賀「ガガモ」（モウカ）。飛騨一円「ガガモ」。備後福山「ガモージー」。伊予ガガモ（ガンゴ）。紀州熊野「ガモチ」。伊勢「ガモシ」と列記する。

その妖怪を何ゆえに「モウ」とか「ガゴ」といい始めたかについて、柳田は実験を試みる。昭和九年の頃である。講演などで各地に行き、妖怪は何と鳴くのかと直に聞くのである。東京の児童はまったくこれを知らない。信州の若者は簡明に「モウと鳴きます」と答えるのだという。また、柳田は「ワンワン」を化物の名としている地方があるという。筑前博多ではオバケの小児語が「ワンワン」。同じ嘉穂郡では「バンバン」、肥後玉名郡でもワンワン。薩摩でも別に「ガモ」という語はあるが、小児に対して「ワンが来ッど」などといって威嚇する。

「もし化物がワンといって現れるのでなかったら、こういう名称は新たに生まれることはできなかったろう。従って歴史を奈良朝に托せんとしているガゴゼなども、一応はやはり彼が出現の合図の声に拠って、起ったものと見ておいて当否を究むべきである。ガゴゼは自分等の郷里播磨などで、以前はそういったということであるが、近世はもうなくなっている。京都でも文献には見えて今はそうでなく、本元と言わるる北大和もただガンゴである。ただしこのゼという接尾語は、東北のコなどとは違って、偶然に附着したものではないように思われる。四國では阿波が一般にガゴジまたはガンゴジであり、伊予にはガンゴといい又ガガモもあるが、周桑《しゅうそう》郡の児童語には鬼をガンゴチというのがある。それからずーっと飛び離れて、関東の方でも水戸附近がガンゴジまたはガンゴチ、これと隣接した下野芳賀《しもつけはが》郡もガンゴージである。理由のない附会にもせよ、元興寺説の起ったのは、始めはこれに似よった音をもって、呼ばれていた事を推測せしめる。」と述べる。

富山市近在では、子供を嚇す語に「泣くとモーモに噛ましてやるぞ」という。同じ五箇山では子供を嚇すそれを「ガーゴンに噛ます」という。山口や下関では、鬼やおばけが「ゴンゴ」であった。九州肥前では「ガンゴ」、対馬でも同じ。肥後の球磨郡が「ガゴウ」で、日向の椎葉が「ガゴ」もしくは「ガンゴ」。柳田は「起源が一つでなかったならば、これまでの弘い一致は現れまいと思う。」と云い、次の様な東北の子守歌も紹介している。

青森県弘前市付近の子守歌に、

泣けば山からモウコ来る　泣けば里から鬼来るァね

と、また同地方の別な子守歌にも、

寝ろちゃ寝ろちゃ　寝たこえ　寝ねば山から　モウコ来るァね

（『東北民謡集』）

それでは柳田の結論を聞いてみよう。

「我々のオバケは口を大きく開けて、中世の口語体に「咬もうぞ」といいつつ、出現した時代があったらしいのである。その声を少しでもより怖ろしくするためには、わが邦ではkをg音に発しかえる必要があり、また折としてはそのg音をまままなく（どもる）必要もあったかと思われる。それが今日のガモまたはガガモの元だということは、昔を考えてみれば必ずしも無理な想像ではない。私などの幼い頃の言葉では、妖怪はバケモンでありまたガゴゼであったが、なお昔話中の化物だけは、やや古風に「取ってかも」といいつつ現れた。カムという言葉が端的に、咬んでむしゃむしゃと食べてしまうことを意味したのである。その用法は南の島にはまだ残っている。これが嚥下《えんか》の動作までを包含せぬ動詞となって後も、なお日常の「食う」とか「たべる」とかいう語と、差別した語を使おうとしたことは、関東でよく聞く蚊がクウや、犬がクライツクなどと異曲同工と言ってよかろう。」と述べるのであった。

ガゴについて「ガゴとは子どもを嚇し子どもを守る形のないモノノケ」と思える。では何故ガゴは子どもを嚇しながらも子どもを守るのであろうか。子どもの民俗について少しばかりふれてみたい。

宮崎県日向市富高に「智古神社《ちごじんじゃ》」がある。幼児のヒキツケを鎮める神様として有名で、県下に沢山の崇敬者がいた。通称「チリ神さん」と親しまれ、出生時から十五歳まで毎朝延命息災と成長を祈願する神社である。「智古」は「稚児」のことで、稚児のことを民俗学事典では「神霊の憑依者または奉仕者として選ばれた児童」と記す。祭や神事に七歳から十二歳位の児童に形をかりて神が臨御すると古くから信じられ、これを尸童《よりまし》といった。尸は「しかばね」でもありながら形代の意味でもある。ことわざに「七歳までは神のうち」というように聖なる存在とされながら、医療技術の整わなかった時代は、数え七歳ぐらいまでの幼児の死亡率は非常に高かったのである。また現在でも小学校に入るまで（満六歳）は、よく病気をするということを、どの親も経験したことではなかろうか。「智古神社」はそのような幼児の守り神であった。

今日小児医療制度は整い、かつてのような神頼みの素朴な信仰はうすれて来ていることは幸いなことである。よく引き合いにだされる、明治十年（一八七七）に来日し、大森貝塚の発見者としても知られるアメリカの動物学者エドワード・S・モースは、滞在中に各地を旅しその見聞を記録した『日本その日その日』のなかで「世界中で日本ほど、子供が親切に取り扱われ、そして子供の為に深い注意が払われる国はない。……日本人は確かに児童問題を解決している」と驚嘆した。そのような一端を担ったのが民俗神としての「チリガミさん」であったに違いない。

元興寺のガゴゼについて詳しくはできないが、もう少しその背景を垣間見れば、時代は下がるが、おぞましい中世の史実が浮かびあがってくる。

斉藤研一氏の『子どもの中世史』によれば、「近日鬼出来し、小児を取り食ふべきの由、その告げあるにより、七歳より内の小児、男女上下悉《ことごと》く巡礼の体に出立ちて、清水寺、或いは講堂に参詣せば災いを遁《のが》るべしと云々、これより競ひ参ると云々、近ごろ奇異の事なり、筆端に尽くし難し、『後法興院記』明応七年（一四九八）五月十五日条」を引き、京の町では「子取り」なる人身売買を商う人達が現れ、それは労働力としてや七歳以下の子どもの臓器は難病の治療薬とされたというのだ。低い出生率や病気、おまけに人さらいからも子どもは守らなければならなかったのである。

そのような「ガゴ」を、私は鬼ではなく遠くから叱り、見守ってくれる祖父や曾祖父の言霊のように思え、その言霊を聴いた子は親になり子へ、そして孫へと、時代はかわっても「ガゴ」が発しつがれることを願ってやまない。しかし、もうガゴの出現する原初的な人のくらしの舞台はない。ガゴは消えゆく精霊なのだ。

天草のヤブサ

消えゆくヤブサ

ゆりかごのように穏やかな水面から蜃気楼がたつ不知火の海。そんな中、田浦・芦北で出合った「小さき神、ヤブサ」を探して、天草の東海岸部を歩いている。だが、今のところ私は「ヤブサ神」を一例も見つけることができていない。

島国でありながら、山国でもある天草には「木場原《コバハル》」などと焼畑に関係する地名が多い。常畑《じょうばた》での甘藷や麦作と同時に、焼畑耕作が盛んだったことを示している。しかし今は畑作から稲作へ。かつての光景を思いおこすことすらできない。まるで悠久の時代からくり返されているような、稲の穂波が黄金色の光を放ち、輝き、ゆらめく風景を呈している。

民俗学者・小野重朗氏は、昭和四十年代に天草を歩き、二例の「ヤブサ神」を報告している（『民俗神の系譜』「矢房神《ヤブサドン》」）。その一つ、天草下島、河浦町新合立原の「ヤブサ」について「稲荷神社のある土地は字名をヤブサいい、古老の中には、昔ここにヤブサさんという神が祀られてあったことを記憶している人が数人いた」と生前、私に話してくれた。

二〇〇一年七月二十九日、私は猛暑の中、立原の稲荷神社の前にいた。辺りは刈り取りを待つばかりの穂垂れの田だ。稲荷神社の古い石の鳥居には「文化十三（一八一六）年」と刻んである。近くで田を見回っていた大正生まれのおばあさんにヤブサを尋ねると「ここら辺りをヤブサと言いますが、ヤブサ

天草郡河浦町新合立原のヤブサ神社があったところ

天草上島、松島町内野河内中月集落の矢引神社。通称「ヤクサさん」

ちゅ神さんは知りまっせん」と答えた。ヤブサは焼畑や畑作の時代と共に消えていった古い民俗神だったようだ。

もう一例は、天草上島の松島町内野河内、中月《ちゅうげつ》という集落の薬師堂のような小さな社で矢引神社として祀られていた。

集落の方々は「ヤクサさん」と呼んで、歯が痛むとき、萩の木の枝を十二センチ程に切り、年令の数だけ簾のように糸で編んで奉納すれば治るといい今も歯の神様として親しまれている。

歯の神さんといえば、芦北町のほおづえをつく「松ヶ崎さん」が浮かんでくる。

循環の海へ

次の世代へ手渡したい

ゆりかごのように穏やかな不知火の海はまた、養殖漁業にも富みを生みだす海に見えた。

今、養殖業は不知火海の主要産業だ。しかし現実は、経営環境と自然環境の悪化にさらされている。

二〇〇〇年年七月七日に発生した赤潮は、約四〇億円の過去最悪の漁業被害をもたらしたという。赤潮は養殖魚へ大量の餌を投入し、その餌の食い残しや糞尿による富栄養化が主因であることに違いない。

養殖の中にも「非給餌養殖」がある。ノリ、ワカメ、ホタテ、カキ、アコヤガイなどだ。これらは、自然がもたらすものを餌としていて、魚類養殖とは対照を見せる。

「天草の海からホルマリンをなくす会」（宮下正利会長）の事務局長、松本基督《もとすけ》さん（四五）は、「不知火海のトラフグ養殖場で、使用禁止の寄生虫駆除剤のホルマリンが依然として使用されているんです」と表情を曇らせる。二〇〇一年七月三十一日にも監視活動を行った。ホルマリンの毒性は、発がん性・変異原性・染色体異常作用が確認され、毒物及び劇物取締法で劇物に指定されている。

　松本さんは、三重県志摩で生れ小学三年まで過ごす。その後は父親の転勤で伊勢市に。大学は東京で理系の学生だった。志摩の母方が真珠養殖業ということもあって、アルバイトから真珠の養殖工程に興味を覚え、卒業後社員になった。その会社が天草の羊角湾に進出したことから、一九七五年に天草に移り住む。

「小さい時、浜で遊んだ美しい志摩の海と同じ海がそこにありました。結婚して娘が生れ、自分が体験した豊かな貝や魚が息づく美しい海を見せようとした時、異変がおきました」と松本さん。

　一九九六年春、羊角湾のアコヤガイ（真珠貝）の大量死が始まる。気象などの要因は考えられず、原因は近くで行われていたトラフグ養殖に使われるホルマリンに目が向けられ「なくす会」が結成され活動がはじまる。

「美しい海を子どもたちの世代に手渡したい」松本さんを突き動かしているのは、天草や不知火の海が、愛おしくかけがえのない海と映っているからに違いない。

不知火海を観望できる新和町の竜洞山山頂にて、「天草の海からホルマリンをなくす会」の活動について話す松本基督さん

【第三章】環境と伝承

鎮魂の水俣湾

野仏のまなざし

不知火の海をめぐり歩くささやかな旅だが、水俣を避けて通ることはできない。

おろかな人間のおこした過ちは、美しく豊かな海に息づき循環の恵みを受けたかけがえのない生き物と人の命を奪い、その後も苦しみあたえ続けてきた。水俣病である。

だが、その時代をノンポリとして過ごしてきた私は、水俣とは、後ろめたさを先ださせて歩くところでもあった。

二〇〇一年八月四日、水俣病で犠牲となられた方々への慰霊・鎮魂の場、水俣湾の埋め立て地の竹林公園で催された「グローバル・ライダーズ・ミーティング２００１」の演奏会に出かけた。このミーティングは一九九四年に発足し「私たちはみな、地球というひとつの乗り物に乗っている」という名のもと、能楽大倉流大鼓《おおつづみ》奏者の大倉正之助さんやそれに賛同する各国の演奏家らが集い、毎年各地で開催している。

この年は七回目で、大倉さんらが交流を続けている、水俣病事件の人間の罪を記憶し続けようと発足した「本願《ほんがん》の会《かい》」（田上義春会長）の協力で、水俣病で失われた命への鎮魂の音楽を奉納する演奏会として実現した。

会場の芝生広場には、夕暮れと共に数多くのろうそくの火が灯された。そのゆらめく火の中で、地元

埋め立て地に建立された野仏

水俣の竹をメーンにした打楽器グループ「竹の炎」の楽ではじまり、大倉さんらの三番叟《さんばそう》の楽曲演奏、韓国、セネガルの演奏家らが、水俣の魂に自らの魂を共鳴させ演奏にこめた。演奏が佳境に入った時、旧暦六月の十五夜のゆっくりとした満月が東の空に昇った。会場に集った人たちが、それぞれの思いで合掌する。

私はこの時、ほんの数時間前だが、水俣湾埋め立て地、親水緑地と名付けられ、恋路島と不知火の海の見える場所に佇んだ時のことが浮かんできた。その地には「本願の会」の方々が建立し続けている数十体の野仏が海を望んでいる。その石像の一体一体には、私が不知火を歩く旅で出逢った小さき神のまなざしが重なりあった。ことに芦北の入り江で、さまよう魂を見守る「松ヶ崎さん」の石像とは、数百年の時空を超えて響き合うものを感じた。

のさりの海

とれただけでよか

二〇〇一年八月十二日の朝、不知火海は鏡のように輝き、一変のくもりのない静かなる海であった。先の四日、埋め立て地で催された鎮魂の演奏会でオープニングを奏でた地元「竹の炎」の奏者の一人、杉本実さん（三五）は、水俣市茂道《もどう》港で漁業を営む杉本水産「快栄丸」の漁撈長だ。私は水俣で行われ

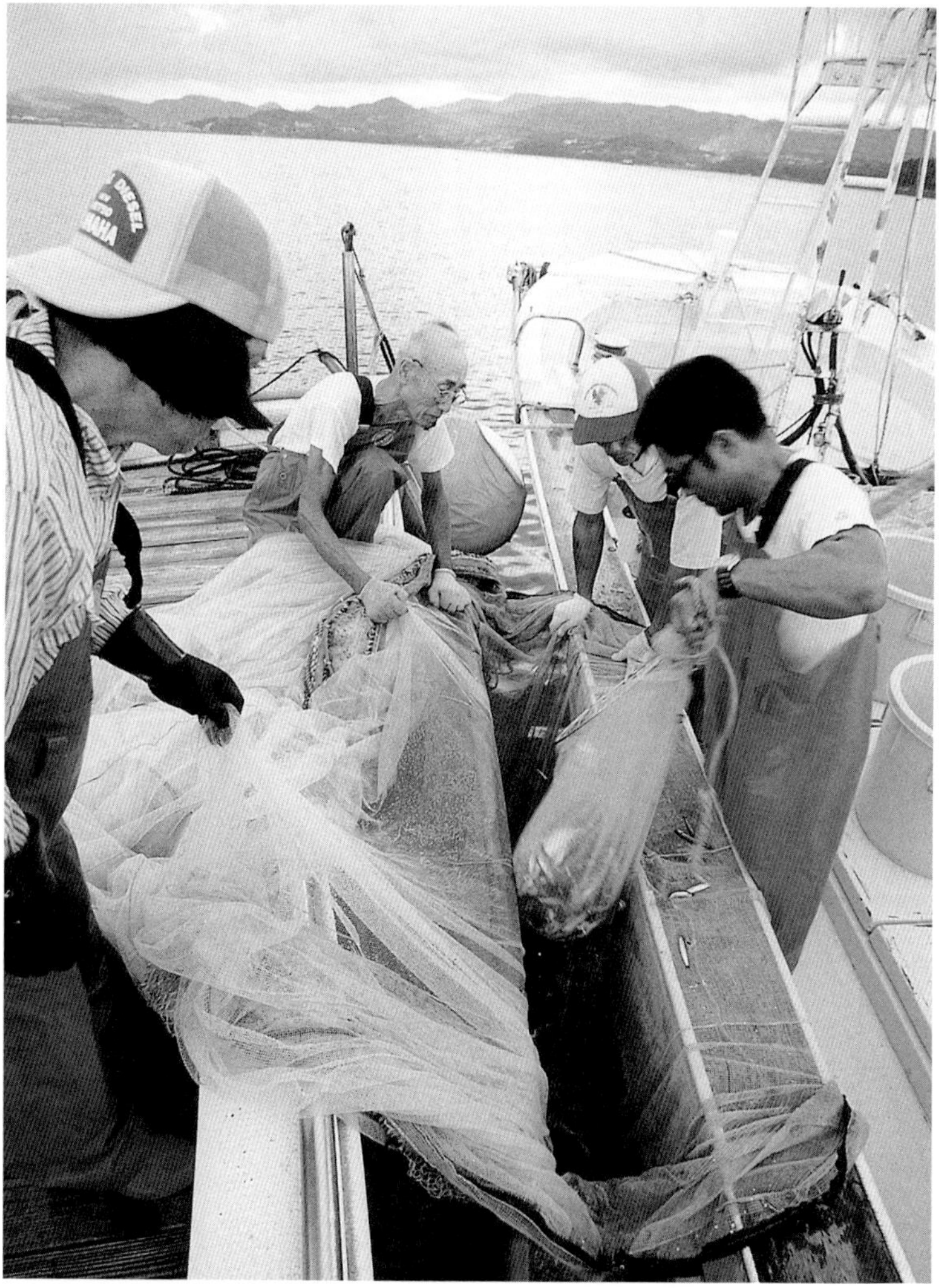

手際の良い共同作業で収穫する杉本さん親子四人。対岸は水俣の湯島や水俣湾

ている現在の漁業の一シーンを見たくて、厚かましくも実さんにたのんで、杉本水産の漁に同行させてもらった。

杉本水産はこの時期、パッチ式巻網漁でカタクチイワシの漁が始まったばかりだ。漁船は三艘で、二艘は網を積み、ロープで船を平行に繋げた「もやい船」である。その一艘には御主人の杉本雄さん（六二）が操舵し、もう一艘には奥様の栄子さんが舵をとり、長男の肇さんが同船する。先行するのは、漁撈長の実さんが操舵する船だ。午前五時、不知火の海はほの暗く、まだ眠りから覚めていない。茂道港を三艘で発って漁場はあっけないほど近かった。

「漁場はここですか？　恋路島《こいじしま》がすぐそこですね」と私が肇さんに聞く。肇さんは笑いながら「いつもこの辺ですよ。恋路島とはこの辺では言わんですよ、コキジマ（小路島）と呼びますよ」と答えた。実さんの船が埋め立て地と恋路島を背景に魚探でカタクチイワシの群れを探しぐるぐると海走する。五時半をすぎたころ、東の空から太陽がのぞき始め白んできた。実さんの船から無線が入り、もやい船は指示された場所へ移動する。結ばれていたロープが解かれ二艘は離れていく。

巻網が次々に海面に放たれ網が広がり、イワシの群れを包んだように見えた。しばらくして二艘がまた繋がれ、巻網の回収が始まる。すると実さんから無線が入る。「どうしたんですか？」と私が肇さんに尋ねると「どうやら群れに逃げられました」と苦笑い。

備え付けのバケツ一杯の漁獲量だった。すると栄子さんが私に「今日はこれで終わり、帰ります」と告げる。あっけにとられている私に「イワシが沖へ帰っていった。追ったらいかん。私たちゃ今日捕れただけでよか。のさった（授かった）しこよ。のさりの海だけん」と微笑んだ。

明神崎

岬に名を冠する主の小さき神

二〇〇一年十月二十日、白く輝きはためく「水俣病展」の幟が立ち並ぶ水俣市街地を歩いた。圧倒された遺影や展示内容の残像を胸に水俣病展会場を離れると、なぜか明神崎へと足が向かう。

そこには、岬の名を冠する主の小さき神「明神」がある。恋路島と先端が頷きあうような距離で、埋め立てられた水俣湾をじっと見つめてきたであろう。

その由来書の立て札が祠のまえに立っていた。それによると、明神は元々からここに鎮座していたのではなかった。

今から三一〇年前、元禄三（一六九〇）年の頃、この地からおおよそ一五キロの距離になる水俣市東部の宝川内《ほうかわち》吉花《きちはな》集落に氏神があった。ご神体が木像であったため一夜の豪雨で流され、水俣川から不知火海にでて、岬の磯に漂着した。それを漁師が発見して岬の岩壁に祀った。

この話が宝川内にも伝わり、村人が連れて帰ろうとすると不思議な事に木像のご神体が急に重くなり「多分帰りたくないと言われるのだろう」と衆議一決、これより四月中の日を祭日と定め、毎年村人が挙ってこの地を詣でることとなったとの由。そして、昭和三十五年には、岬の地主金子ユキ氏から土地が寄贈され、海岸の岸壁から現在地の岬の台地に移り、祭は今も続いている。

私はふと岬を歩きたくなった。水俣病資料館の広い緑地をぬけ、不知火海に浮かぶ御所浦島を眺めら

れる北の台地にでた。すると、目前には足下からゆるやかな傾斜地の畑が広がり、銀色に輝くビニールの帯の畝がコントラストをきわだたせる。さらに濃いチョコレート色の筋が幾条にも刻まれ、美しい光景が広がっていた。

耕しておられたのは、明神さんに土地を寄贈した後裔の金子信一さんご夫妻で、植え付けるのは今やブランド化しつつある水俣産の「サラタマ」ことサラダ用に改良されたタマネギであった。ビニールは除草剤や農薬を施さないために使用するとのこと。この後十一月中旬までに、苗が植付けられ、収穫は三月中旬になるという。それまで不知火の海を望む明神崎の三反五畝（三五アール）の斜面で、金子さん夫婦の手入れの日々が続く。

水俣市明神崎台地の「サラタマ畑」

再び明神崎

悲しみ含んだ聖地

昭和三十五（一九六〇）年、岬の岸壁から風光明媚な突端の大地に祀られることになった明神。その鎮座する祠設置を記念して、石の台座に数人の尽力者が刻まれている。その中に「大矢安太」の名前があった。

「サラタマ」の畑を耕しておられた、金子信一さんの家と隣り合わせに大矢家はある。大矢安太氏は明治二十三（一八九〇）年の生まれで、今は水俣病資料館の広い緑地になっている岬の台地に、二反八畝（二八アール）のカライモや麦を作っているが、明神崎と恋路島一帯を漁場にし「モマ」という小さな小舟を操る、腕のよい一本釣りの漁師であった。

庭に立つアコウの大木がシンボルのような大矢家を訪ねると、不知火海と恋路島を望む埋め立て緑地に野仏を建立し続けている「本願の会」の大矢理巳子さんがおられた。大矢安太氏のお孫さんにあたる人と解るのにそう時間はかからなかった。そして、おじいさんの話を聞くことができた。

大矢家の玄関から降りたすぐのところが、かつての大矢家専用の舟着き場だった。そこから広がる水俣湾の磯辺や砂浜が、大矢さんが生まれてから少女時代まで遊び、育んでくれた忘れることのできない場所だそうだ。船着き場は、今は湾の埋め立てで公園の道路になっている、大矢さんは「五歳の時、祖父からモマンチョ（小さな舟）に乗せてもらったことがあります。コギ島（恋路島）あたりまでいって、

不知火の波が洗う明神崎の磯辺。大矢理巳子さんの子どもの頃の遊び場だった

キス釣りを教えてもらったことが、今も鮮明に蘇ります」と言われる。

ちょうどそのころ、大矢さんに不幸が襲う。昭和三十一年に父親が若くして亡くなったのだ。その一カ月後には、おじいさんの安太氏は病床につき、九年後に七五歳で没す。

二人とも水俣病であった。

大矢さんの案内で岬の海岸線を歩き「舟着き場」にもどってくる。

「なぜか、この船着き場が本願の会の人たちの野仏を造る場所になりました」

この地は、大矢さんにとって決して埋まることのない悲しみを含んだ聖地のような気がしてきた。

明神崎伝承

無念の山と海のつらなり

「どのような土地にも、自然的・人為的災害が絶えることはなく……その結果生ずる災難もすべて結局は庶民が担わねばならない」(阿部謹也『ハーメルンの笛吹き男』より)
二〇〇三年七月二十日、水俣市宝川内《ほうかわち》の暗澹たる災害現場に私は立ちすくんでいた。龍牙のような豪雨がうそのように薄日がさすなか、昼下がりの必死の捜索がつづく。三〇〇年前の光景が私の脳裏を過っていく。

2003年4月13日の明神崎の祭り。この日は山の集落、宝川内吉花集落と、その出身者が集まり、神事の後、直会をされた

二〇〇三年四月十三日、私は明神崎の祭を見学させていただく。岬は朝から宝川内吉花《きちはな》集落からと、その出身者の人たちが数十人ほど集まり神事が執り行われ、歓談直会《なおらい》の一時となった。祠の前の由来札を書かれた吉本千俊さんは参加しておらず自宅に居られるという。中座して宝川内に向かった。

宝川内地区は棚田の美しい中山間地で、集落は宝川内川右岸の南斜面に沿って点々とあった。その小字権現に住む大正九年生まれの吉本千俊氏は、明神についての言い伝えを明治二十（一八八七）年生まれの父親文蔵氏から聞きそれを記した。

伝承で、明神を祀っていた場所は、宝川内川の左岸の今の砕石場あたりと教えてくれた。それから私は集《あつまり》、川原、新屋敷、吉花と各集落を歩く。いずれも急傾斜の地形だが美しい佇まいで、結いなどの古い農村の慣行が残る集落であった。だが、明神を祀っていた場所を見つめていると、芦北の岬の小さき神「松ヶ崎さん」のことが浮かんできた。そのことから流されたのは氏神の明神木像だけではなかったのでは、との思いが確信のようになってゆく。人の魂は五〇年で仏になり、無念の魂は永遠に成仏できないともいう仏教観がある。古層の慣習が残る沖縄の久高島《くだかじま》などでは、不慮の死を遂げた者は常世の国ニライカナイに行けず、永遠に祀らなければならないという死生観がある。

私は明神崎で三百十数年もの永きにわたり祀りつづける漂着明神像の意味を、村落共同体が無意識に生み出した無念の祖霊へのレクイエム、鎮魂の神話へと昇華させていったと思えるのである。

それから三ヶ月後の今、私は宝川内の集《あつまり》 集落の前に立っている。つい昨日のことだったように思える美しく手入れされた棚田、日本の中山間地の典型的集落が今は瓦礫と化している。必死で続けられている捜索活動の傍では、楽しかるべき夏休みのはじまりに家をはなれて助かったのであろうか、呆然とうずくまる三人の若者にかける言葉もみつからない。家屋の倒壊の中から救出された犬は、声にならぬ慟哭を続けている。

水俣のヤブサ

消えゆく地名

迂潤だった。幾度となく通りすぎた水俣市明神崎から、水銀濃度二五ＰＰｍ以上の汚泥を含んだ百《ひゃっ》間《けん》溝までの、埋め立てられた水俣湾の海岸地帯の地名が藪佐（ヤブサ）であったのだ。

二〇〇六年三月十五日、水俣病事件の人間の罪を記憶し続けている「本願の会」の山下善寛さんに案内され、この地を通ったとき教えてもらい驚いた。現在の地名は「汐見町」と如何にも今様の地名になっている。

地名変更は、昭和三十四（一九五九）年の水俣市制施行十周年記念の第四次町界町名変更事業として始まり、昭和四十三（一九六八）年四月一日に実施された。

二〇〇六年三月二十四日、小さき神「ヤブサ」を祀っている場所を探して尋ね歩いたが、汐見町の方たちは、そのような処はないとの答えばかりであった。しかし、今でも年配の方々は、この地を「ヤブサ」と呼び、タクシーで帰宅する時など、古い運転手もそれに答えて当地に運んでくれるという。

ただ、汐見町には一カ所神社がある。それは、水俣病犠牲者への慰霊・鎮魂の場、水俣湾埋め立て地を見下ろす景観の絶好の場所に鎮座している「金毘羅宮」だ。ところが、金毘羅宮は窒素水俣工場と関係する海運会社や水俣市が、かなりの資金を投じて大正四年に勧請建立した新しい神社であった。

虚しくそこに佇み、指呼の間の明神崎をしばらく眺めていたら、明神の地名になった岬の磯に漂着した木像を祀った伝説を思い浮かべ、ヤブサの本地ともいえる長崎県の壱岐・対馬の祀り方の一つを重ねあわせた。

民俗学者・折口信夫《おりくちしのぶ》は、昭和二（一九二七）年草稿の『雪の島』（全集第三巻古代研究）のなかで、「壹岐には矢保佐・矢乎佐など言ふ社が、今も多くあり、昔は大変な数になる程あった。近代では、どうした神やら訣らなくなっているが、香椎の陰陽師の屋敷に一个處《いっかしょ》、「みさき明神」と稱へて祀っていて、古くはやはり、やぼさであった。志原には、陰陽師の屋敷のある岡続きに、以前崇《あが》めたと言う「やぼさ」が一个處ある。對馬に「やぼさ」と言うているのは、岡の上の古墓で、より神とも言ふ相である。古墓の先祖の霊で、憑るからの「より神」であろう。」と述べている。

また、『対馬神道記』を著わした鈴木棠三氏は、「ヤブサ考」昭和十六（一九四一）年発表のなかで、『津島紀事』文化六（一八〇九）年に成立した対馬の地誌に、ヤブサを説明して「里人先祖ノ霊ヲ集祭ルト」記してあり、ヤブサは対馬では、寄り神と称するものもまた、土地の人の先祖を祀るものの謂れで、寄り石を祀った神ではなく、寄り憑く霊魂の謂れで、古き霊魂の祭祀場ではなかったかと述べている。

因みに、壱岐では「ヤボサ」、対馬では「ヤブサ」と呼ばれている。

〈上〉百間溝から見た藪佐地区
左は埋め立て地、竹林園

藪佐地区に残る森

矢八宮

為朝の直垂の袖を祀る

水俣市の浜には、軍国の戦世を想起させる石碑が建立された大きな八幡宮がある。そこからほど遠くない、かつて船津《ふなつ》と呼ばれた場所には、町屋の狭い路地に面して、八幡宮とは対照的な家と家にはさまれた小さな社の為朝神社があった。祀ってあるのは、平安末期に実在したという源為朝。「鎮西八郎為朝」と呼ばれ親しまれてきた。

『肥後国誌』では、そこを「弥八宮」或は「矢八宮」と言ったと記している。さらに弥八宮縁起としての言い伝えも記してある。源為朝は伊豆の大島で自殺したのではなく、「密かに九州に来たりて、琉球に赴向かん」として、水俣の船津で漁夫に渡船を求めた。その時、漁夫弥八が為朝を「常人にあらざるを視て」船をだし、琉球まで航海した。弥八が帰ろうとする時、為朝は別れを惜しんで着ていた直垂《ひたたれ》の片袖を弥八に与えた。弥八はこれを水俣に持ち帰り祠を浜村に建て、直垂の袖を神体とした。祭礼は十一月十一日、供物は赤小豆、飯、なませいごの三種。翌年の祭日に神扉を開けると、飯魚がよく乾いて味が変わることがなかったという。また、弥八宮というのは「弥八が祭る宮だからだ」とある。

弥八宮に関して『国誌』は別の説も記しているが、こちらは漁夫弥八なる人物は登場しない。為朝が琉球に渡る時、この地の漁夫らが別れを惜しみ引きとめたら、為朝の直垂の袖の片方がちぎれ漁夫の手に遺り、それを御神体としたと書かれている。

「弥八宮」は、「弥八が琉球より直垂の袖を持ち帰り御神体として祀った」時点で、何故現在のように「為朝神社」と呼ばずに「或ハ矢八宮」と『国誌』に記されたのだろうか。いや、何時から為朝神社になったのか、その時代背景が気になるところである。

不知火における古い水神信仰の一つに「ヤブサの神」（本書四三、七五、九七頁参照）の存在があった。それは農耕だけではなく、かつては海辺で祀られる航海や漁の神、つまり海人の神ではなかったか。田浦の矢具神社や天草の矢引神社など、これまで見てきたヤブサの神の変容のかすかな手がかりと、南島へのヤマトや薩摩が行った貴種流離譚を利用した支配の歴史。そう考えてみれば、水俣船津の「矢八宮」も「ヤブサの神」ではなかったかと私には思えるのだ。

水俣市浜船津の為朝神社

為朝神社の祭神として祀られる「為朝の直垂の袖」

為朝伝説

波濤の彼方、伝説の背景

二〇〇一年八月二十八日、私は沖縄の今帰仁《なきじん》村運天《うんてん》の丘に建つ「鎮西八郎為朝上陸の碑」の前に佇み、脚下の蒼き海の運天港と、彼方の蒼き不知火の海に連なる伝説を思い浮かべた。

鎮西八郎為朝外伝『椿説弓張月《ちんせつゆみはりづき》』（一八〇七〜一八一一年刊）は、滝沢馬琴《たきざわばきん》が当時としては精緻な資料考証をもとに著した江戸時代末期の大ベストセラー読本である。それには、為朝は、安元二（一一七五）年八月十五日に水俣を発ち、嵐に見舞われ運を天にまかせて漂着したと、著わしている。さらにその運天の地で、為朝の子、舜天丸《すてまる》が成長し琉球王朝を建て初代王となった、と記している。

この為朝伝説は荒唐無稽の話ではない。その元となったのが、琉球王朝の正史一六五〇年（鎌倉初期）に羽地朝秀《はねじちょうしゅう》によって書かれた『中山世鑑《ちゅうざんせいかん》』。そこには「為朝は大里按司《あじ》の妹を娶り、一子をもうけ尊敦《そんとん》と名付ける。尊敦が後の琉球王朝の初代王、舜天《しゅんてん》である」と記されている（羽地朝秀はヤマト文化に憧憬をもっていた役人と云われている）。

だが、日本では十六世紀初めにはこの話が『幻雲文集《げんうんぶんしゅう》』（月舟寿桂《げっしゅうじゅけい》〈一四七〇〜一五三三〉）に記してあるという。そして一六〇九年、為朝も島津も源氏であることを根拠に、薩摩が貿易で栄える琉球に侵攻し支配。貿易権を手中にし、あの悪名高き先島の人頭税《にんとうぜい》も後に実施される。また、明治初年の沖縄併合にも為朝伝説が利用されることになり、日本各地で廃仏毀釈《はいぶつきしゃく》と神社統合がなされるのだ。

〈上〉不知火の海へつらなる運天の入り江

運天港を見下ろす丘に建つ「為朝公上陸の碑」

琉球正史に為朝伝説をとりいれた事の意味するところをここでとりあげる紙数はない。しかし、その根本にあるのは、古い時代から沖縄の人たちは、海の向こうからやってくるものは、現世を豊かにするものであるという「ニライカナイ信仰」の神観念があったということだ。さらに、海を介して大和人と沖縄人が、現在の私たちが想像する以上に近い関係にあったことを裏付けていると言えはしないか。

その時代、海でつながった自由な貿易圏のなかに不知火海もあり「弥八宮」の為朝伝説もうまれた。水俣の不知火人もそのような海洋民であったにちがいない。

＊　源為朝（一一三九〜一一七七）平安末期の武将。源為義の八男。一三歳のとき父に追われ九州に、そこで勢力を張り、鎮西八郎と称す。保元の乱（一一五六）に崇徳上皇方につき、敗れて伊豆大島に流罪。一一七七年に工藤茂光の討伐軍と戦い、自殺。

運天にて

図南《となん》の大海原に

沖縄県今帰仁《なきじん》村運天《うんてん》の集落を歩いた。家々は海に向かって寄り添って建ち、浜とを区切る堤防がなければ、渚の波が家の近くまで打ち寄せ、為朝が上陸したという伝説の舞台としての光景が見えてきそうな佇まいである。

堤防沿いには、戦後植えられたというコバテシイの常緑樹が枝葉を一杯に広げ、その緑陰では集落のお年寄りが数人、涼みながら沖縄でいうところの「ユンタク」（おしゃべり団欒）をしておられた。

私はそこに加えてもらい為朝伝説を聞く。すると、すぐに反応があり次のような歌がとびだした。「鎮西八郎為朝公　となんの雄志やみ難く大海原に船出して　着きしはここぞ運天港」と七五調の歌詞が四番までつづく。

一、鎮西八郎為朝公　図南の雄志やみ難く　大海原に船出して　着きしはここぞ運天港
二、運天森の松風と　高くそびゆる碑は　為朝公の上陸の　跡をばここに語るなり
三、森の彼方の岩室は　為朝公の仮の宿　結べし夢を尋ぬれば　在りし昔ぞしのばるる
四、英雄ゆいて七百年　うるまが島の浦波は　君が勇をたたえつつ　跡をばここに語るなり

曲調は琉球音階ではなく、日本の唱歌そのものであった。歌ってくれたのは、大正十一年生れの上間《うえま》喜代一さん。歌の作者は分らないということだが、大正十一年に建立された為朝の碑の除幕式で歌われており、上間さんは、小学校のころ先輩たちから教えてもらい、今もすらすらと歌える。しかし、側にいた昭和八年生れの方は歌ったことがないとの返事だった。

その後、熊本から来たという私に、上間さんは、集落の神所などを案内し、家にまであげて話をしてくれた。

沖縄と熊本との関係は戦前深い繋がりがあった。沖縄は熊本の第六師団が統括し、上間さんは半農半

沖縄・今帰仁村の運天に暮らす上間喜代一さん。
小学校の時に覚えたという為朝ゆかりの歌を歌ってくれた

漁の暮らしから、昭和十六年満蒙開拓義勇団に入り大陸へ。十八年には現地召集で一二三聯隊に入隊。二十年八月にシベリア抑留、二十二年ナホトカから帰国。現在は仕事をリタイアして、三味線を楽しみながら、奥様と二人暮らしである。

そんな中、ヤマトから為朝の話を聞きにくる人は珍しいそうで、私で数人目とのこと。驚いたのは、そのうちの一人が三島由紀夫といわれる。

三島は、一九六九年七月に沖縄を旅し『戯曲・椿説弓張月』を書く。同年十一月には国立劇場で松本幸四郎らが出演し、自らが演出の歌舞伎を公演している。そして、翌年十一月に自決する。

そこで、浮かんでくるのは、親交のあった折口信夫《おりくちしのぶ》である。民俗学者でもあった折口は、肥後の名和水軍の残党が琉球王朝をおこしたという仮説をたて沖縄にも幾度となく足をはこんでいるのである。

そのような感慨を胸に、私は親切にしていただき、名残惜しい上間家を辞して、運天の地をあとにした。

永尾《えいのう》神社

竜宮の神エイを祀る

不知火海の渚に建つ鳥居を波が洗う。鳥居は海の彼方からやってくる神を迎える。その神はエイで、

宇土郡不知火町の永尾神社の鳥居。毎年、八朔《はっさく》の日には神秘的な不知火を見物しようと多くの人が訪れる

祭神として祀るのが永尾《えいのう》神社である。

一九九九年、台風十八号の影響で津波のような高潮被災をうけた宇土郡不知火町。その海に突き出した小高い丘に永尾神社の社は建っている。二〇〇一年九月十七日、今年も八朔（はっさく＝旧暦八月一日）の夜に現れるという神秘の火「不知火」を観望する人々で境内はにぎわった。

民俗学者・谷川健一氏は「永尾というのはエイの尾を意味する。竜巻を沖縄の宮古島や八重山でイノーと呼ぶが、それは竜巻の姿が海面に尻尾を垂らすエイ、つまりエイノオに似ているからである」と述べて「そこでは竜とエイは同一視されている」と分析する（『九州の神々』所収「禁忌としての動物神」）。

その宮古島ではニライカナイのことを竜宮と呼び、代表的な民間説話に「エイ女房」がある。丸山顯《あき》徳《のり》著『沖縄の民話と他界観』より、それを簡単に紹介してみる。


むかし、狩俣村の漁師が、イカ釣りに夜の浜辺を歩いていて、人間のような姿の女のエイに出逢い、それから夜毎砂浜でデートを重ねた。ある日、エイが漁師に「私のお城の竜宮へおつれしましょう」と言った。漁師はすぐに「行きましょう」と返事をする。エイは「それでは目を閉じなさい」と言い、漁師が目を閉じると、海に入った気がして目を開けると、もうそこは竜宮だった。

漁師は長い間竜宮で楽しく暮らし、エイとの間に子供もできていた。しかし、漁師は家のことを思いおこし、帰らなければとの思いが募り、竜宮の神様にその事を願う。竜宮の神様もエイで、すると神様は「それでは竜宮の土産を持たせましょう。これはエイの瓶で、あなたの欲しい食べ物は何でも出る壺です」と言って持たせた。

この話はもう少し続くのだが、意味するところの一つは「竜宮とは限り無き食糧をつかさどる楽園」ということだろう。また、前記の「エイノオ＝竜巻」の谷川説に、私は龍神信仰を重ねてみずにはいられない。ところで、不知火の永尾地区の人々は現在も魚のエイを食べないという。

海神の民

「和田」に許されたエイ漁

二〇〇一年九月二十七日、永尾神社を訪ねると、宮司の河野弘育さんが「永尾神社の祭神は、エイに乗ってきた海童神〈わたつみのかみ〉です」と強調する。河野さんは旅先でも魚料理がでると一々注意し、エイを決して食べないといわれる。

一方で、永尾神社の西方一キロほどにある「和田《わだ》」という小さな港の漁民たちは、エイを貴重な収入源にしていた。

武光誠氏の『地名の由来を知る事典』には次のように記してある。「海沿いの〈和田〉地名の中には海神を祭ったものがある。海神は〈おおわだつみの神〉と呼ばれるので、その中の〈わだ〉が地名になった。神戸市の和田岬は、そのような、海神信仰にもとづく地名だ」。

エイ漁を支えたのが「空針《からばり》」という漁法である。不知火町の郷土誌『燎火』4号（平成7年刊）所収

不知火町和田の漁港前で、夫のエイ漁について語る西岡シマさん

の嶋谷力夫さんの聞書「松合の漁業空針」によると、空針は延縄《はえなわ》の一種で、和田の漁師、西岡勇さん（明治四十四年生、九〇歳）の祖父悦次さん（安政四年〈一八五七〉生）が考案し和田の漁師に広めたという。

その独特な漁法で、二〇年ほど前まで和田の漁師たちはエイをとった。出漁域は主に天草近海。だが、八十八夜過ぎの天候が安定する一カ月ほどの間（新暦五月）は、三人乗りの帆と櫓漕ぎの舟で、沿岸伝いに長崎県の野母崎から大村湾、平戸を通って博多湾の能古島まで行き、エイを獲って港々で売る漁もしていた。戦前は遠く朝鮮半島西海岸まで出かける人もいたそうで、その人たちのほとんどが、現地で舟を処分して帰国していたという。

西岡勇さんは現在療養中で、明治四十四年生れの奥様、西岡シマさんに話を聞いた。「主人は七十八まで漁に出ました。エイは剣の尾が刺すと死ぬように痛か。この漁は誰《だっ》でんは、できまっせん」。そのエイは八代一帯、特に鏡《かがみ》の農家が田植えの祭事で欲しがったという。「『エガッチョン（エイ）がないと、田植えはされん！』と言って注文がたくさんきよりました。主人は『子どもたちはエイノイオで育て大学までだした』とよく言いよりました」

鏡の農家の例からも推察できるが、エイは稲の稔りを司る龍神で水神でもある。そのような意味をめぐらせば、エイ漁は遥か遠い昔から、和田という海神を祭る海人たちだけに許された漁ではないか、そのように思えるのである。

【第四章】民俗と伝承

八朔

不知火の現われる日

不知火は八朔《はっさく》の日に現われる。その八朔とはどういう日なのだろうか、八朔行事を考えてみたい。

八朔は旧暦八月朔日《ついたち》で、新暦では九月初旬ごろにあたる。各地に多様な習俗を伝えているが、民俗学事典などによれば、概観して三つに分けられている。

第一は、稲作にともなう儀礼である。かつての稲作は、九州ではちょうど稲の穂だしの季節となり、その豊穣を祈る「田誉め・作頼み」であり、また、二百十日がこの頃で季節風を警戒する風祭りと重なりあって朔日のほうが重要視され、この日に祈るところも多い。

第二は、八朔の贈答である。中世（鎌倉・室町以降）の武家社会では、いつも世話になっている人に米などで馬の形にした物を贈ったという。馬の形の贈物は民間でも作られていて、瀬戸内海を挟んで四国と山陽地区の村々ではこの日大きな馬の形を小麦の粉で作って家に飾った。また武家社会では本物の馬を贈った記録もある。そしてこの行事を「タノミノ節供・タノモノ節供」と呼んだ。タノミは「田の実」で稲米のこと。米を折敷に入れて目上の人などに贈ったことが『公事根源《くじこんげん》』（一四二三年、宮中の公事や儀式の記録）に見えるという。

第三は、近畿地方で盛んに行なわれたという「八朔休み」である。奉公人や農家にとって暑い夏は睡魔が襲ってくるので、その時期随分と睡眠をとっていたようだ。「ネブイハナシ」や「ネブタ」といった夏の祭は睡魔との折り合いをつける祭なのである。そんな季節の変り目の八朔は昼寝の終り日であった。そしてこの日から夜なべ仕事をはじめるのだという。そこで、奉公人にはその歎きをなき豆・苦餅などと表わした食物が与えられ、それを食べて日中は仕事休みということになる。

また八朔に関する面白いものを拾ってみると、「八朔の雪」「八朔の白妙」があり、八朔の日に吉原の遊女が全員白無垢を着ることを表現している言葉だそうで、そんな風習があったという。なぜ白無垢を着たのかを私はまだ調べていないが、案外こんなところに「シラ」にかかわる重要な問題がひそんでいるのかもしれない。そこで思い起すのは、東北地方の「オシラサマ」で、オシラサマが稲霊であることは間違いない。

もう一例は「八朔の雀」で八朔の日にジュズダマの枝（頸飾《くびかざ》りのような物）につけて贈る綵雀（つくりすずめ）のことだ。

その「ジュズダマ」について、柳田国男は『海上の道』に所収されている「人とズズダマ」の項で多くの紙数をさいている。簡単に記せば、本土ではジュズダマを仏教の数珠に託しているが、琉球弧ではシダマ・スダマと呼ぶ。沖縄の古謡にはツシタマ。その古名の意味を頸飾りであるというのだ。奄美の神ごとには、神女（ノロ）は必ずジュズダマの頸飾りをつけて神事にあたる。ジュズダマには再生の霊力があると思われている。

さて、熊本で八朔といえば壮大な作り物が町を練り歩き、通潤橋《つうじゅんきょう》の放水で知られる矢部町の八朔祭が一番に浮かんでくる。なぜあのような大きな作り物になったのかを私流に考察をしてはいるがまとまっておらず、先に揚げた八朔の贈物の馬に関係しているとだけにとどめておき、二〇年程前まで行なわれていた熊本市の八朔行事を見ることにしよう。

奄美の神女（ノロ）碇チカ子さんが神事のときに首にかけているジュズダマ。
奄美大島竜郷町秋名のヒラセマンカイで

次にあげる事例は小野重朗氏が調査し書かれたものである。

熊本市池上町谷口は二八戸ほどの農家集落で森山、谷崎、谷口などの姓がある。八朔の田ほめは一般には「作マワリ」とよぶことが多い。戦前まで旧暦八月一日に行なっていたが、戦後には新暦九月一日を八朔といって行ない続けている。この朝は明るくなるとすぐに戸主など大人の男が酒瓶にショチュ（焼酎）を入れ、杯をもって稲田をまわる。自家の田を中心にして、広い田の道を通りながら杯の酒を穂をはらみはじめた稲の上にふりかけてまわる。途中で作マワリする者同士が会うと、「稲がようできた」と話ながら杯を交す。このまわる途中に穂の出た稲をみつけると一、二本とって持ち帰る。この稲穂は別にとってきたスズダマ（和名ジュズダマ）の実のなったものと一緒にして花瓶に活けて床に飾る。またこの日、家々ではナスやニガウリの馬を作って床に飾る。ナスやニガウリの大きめのものに細竹の足を四本さした簡単なもので、家によっては背にケイトウ、ミズギキョウの花をさして飾ったものもある。高膳の上にこの馬を置き、八朔の赤飯、団子、にしめなどをのせ、傍に稲穂とジュズダマを活けて床前に飾るのである。この馬には田の神様、八朔の神様が乗って来なさるのだという。家によってはこの前で太鼓をたたいて作まつりをするところもある。この日の夕方には近くの溝川にこのナス・ニガウリの馬を流す。その時に七夕竿も一緒に流すこともあるという。

現在このような優雅ともいうべき「田ほめ」の「作マワリ」を池上町で見ることはできない。作マワリの行なわれた場所は私の家のすぐ近くであった。

八年程前に歩いて出かけてみると、田は以前と同様の面積で維持されていたが、作まわりをする人は

〈上・左〉熊本市池上の八朔［写真＝小野重朗氏］

〈下〉八朔の馬（熊本市池上）

まったくいなくなっていた。それでも、ナスやニガウリの馬や稲穂とジュズダマを床の間に飾り、溝川に流すことを続けておられる家を一軒だけ見つけることができた。

次に広く熊本県下の八朔行事をながめてみよう。一九七七年に文化庁の指導のもと緊急民俗資料調査で作成された「熊本県の民俗地図」等によると、熊本県の八朔行事はここでも三つに分けられる。

第一は、県北から下益城郡の中央まで、さきに見たような各家の主人がそれぞれの田や畑を見回り、神酒等を供えて豊作を祈願する「ハッサクマツリ」の「田ほめ」が行なわれる。

第二は、山間部に台風の被害がないようにと祈る「カザマツリ」が数例みられるが少ない。その理由の一つには、阿蘇神社による旧暦四月と同七月四日の風祭りが霊験あらたかに行なわれ、県下各地に阿蘇社の末社があり風鎮祭が神社司祭で行なわれることも影響しているであろう。

第三は、単に「ヨケ日」として、特別の行事はないが、まんじゅうや団子をこしらえて神仏に供え、この朔日を休日としていることである。

分布地図からはっきりと見えてくるものに県南や天草では「田ほめ」の八朔の祭は行なわれていないということである。この傾向は隣の宮崎県でも同様であった。宮崎県下で八朔の日に「田ほめ・作頼み」をしていたのは五ヶ瀬町から延岡市にかけての、おおまかにいえば五ヶ瀬川左岸以北の水田の開けた地帯である。焼畑地帯の椎葉村などでは全くみられないということは、この行事の内容（水田稲作）から当然に理解できるが、県南の現在では早期米の生産地で知られ、中世には伊東氏が権勢を広げた日南の穀倉地帯でもそれは行なわれていない（かつて私は教科書で、天草や日南などでは二期作が行なわれる穀倉地帯と習った事を思い出すが、それは戦後のことであったようだ）。

また、鹿児島県でも全く見られないようである。ところが、福岡県や佐賀県などでは「田ほめ・作頼み」が盛んに行なわれているのである。民俗周圏論的にみれば新しく中央で盛んになった行事が地方に広がっていくが、九州では、どうしても一線を越えられない、古い習俗に阻まれたとしかいいようのない様相を示しているのだ。

一線が越えられていない不知火海周辺ではどのような八朔の行事をするのだろう。先の民俗地図では、不知火町の永尾地区で「カザマツリ」が見られ、八代郡千丁町で「ヨケ日」、日奈久・二見で「ヨケ日」、それより以南は全くなし。天草側では、松島町内河内で「ヨケ日」、新和町中田で「ヨケ日」がみられるだけで、いずれも水田を有する地域である。

八朔は農作業の暦にとって重要な日である。ことに稲作にはこの時期実が入り、日毎に穂をたれ収穫を待つ。しかし九州は二百十日や台風もやってくるのだ。無事この時期を越したいと農民は豊作を願う。この願いは田の水口に神酒を供えることや、ナスやニガウリで馬の形を作り、ジュズダマや花で床に飾り、最後にはその花馬と呼ばれるものを川や海に流す。それは八朔神という作神様をこの花馬に乗せて送るということだ。どこに送るのかが問題になるが、私には八朔神とは水神とも思えてくる。この様な行事は先に見たように不知火海周辺では一切行なわれていない。そこでは水田稲作が行なわれていなかったわけではなく、古くから水田稲作も行なわれていたのだ。

さて、八朔頼みの行事が熊本県に入ってきたのはいつごろだろうか。そして不知火海周辺や県南には浸透していない事実がある。おそらくこの行事が県北から上益城郡まで水田の開発とともに浸透していったのは江戸時代ごろではあるまいか。

不知火町の郷土史家・嶋谷力夫氏によれば「龍燈見物の賑わいは、八朔祝いと結びついてからで、田の実祝の八朔が頼みの節供に変わった江戸中期以降盛んになったといわれている」という。

水田の八朔行事は馬と水神が関係し、不知火の水神は龍への祈りとみてよいようだ。

十五夜綱引き

集落を駆け抜ける龍

二〇〇一年、十月一日は旧暦八月十五夜であった。不知火海の穏やかな入り江にある天草は倉岳《くらたけ》町棚《たな》底《そこ》。その曙《あけぼの》地区の十五夜綱引きを見学にでかけた。棚底の通称五区といわれる海に面したこの集落は、ほとんどが漁業従事者の七〇戸ほどで形成され、集落総出で昔ながらの綱引きが行なわれるという。

午後五時、集落の公民館前広場では、近所の農家から集めてきた軽トラック四台分の稲藁が広げられる。保存会の会長、中本正勝さんをはじめとした大人と中学生七人が参加して、直径二五センチ、長さ一五ヒロの綱をなう（作る）。一ヒロはこの日の主役、今年一五歳になる中学生の植柳泰君の両手を広げた長さだ。一時間ほどで約二五メートルの長さの十五夜綱が出来上がった。周りでは、広げられた藁積みの上で三～四歳ほどの幼児たちが藁にもぐり込んだりして歓声をあげ、母親たちから叱られている。

完成した綱は、大蛇がとぐろを巻くようにして置かれ、その中に一五歳の植柳君が入る。大蛇の頭はちょうど東の空に上がってきた満月に向けられ、そこに線香を立て、魚の刺身贄《にえ》と御神酒が供えられ月に祈るのである。

倉岳町の十五夜綱引き。藁で作った大蛇がとぐろを巻いたような
綱の中で、満月に向かって祈る植柳泰君

これが済むといよいよ綱引きだ。主役は子どもたちで、元気のよい男の子や女の子たちが一斉に綱をとぐろをほどき担ぎだし、港側に引いて行き、かつて浜であったという場所の海水に藁の頭を浸ける。これは藁の大蛇であった綱が、まさに今、海から上陸した「龍」になったことを表わしているのである。「龍」になった十五夜綱は子どもたちやサポートする大人たちが担ぎ「ワッショイ、ワッショイ」のかけ声で、集落へ向かい走りはじめる。カーブを曲がる時の様子は、稲藁がまさに「龍」の金の鱗のように迫力いっぱいにうねる（次頁写真）。

「龍」は穢れのない子どもたちに操られ、漁村集落の狭い路地を駆けるように引かれて行く。戸口ではお年寄りたちが頑張れの声援をおくる。時に疾走する「龍」にはじき飛ばされる幼児がいて、それでも涙をこらえて「龍」の綱にしがみつきついていく。「龍」は集落を占有するように一周してしまうと、広場にもどり土俵の綱になって相撲が行われる。

ここの綱引きは、二組に別れて綱を引き合うことはない。私は、もう見る事ができないと思っていた、「古形」の十五夜綱引きに出合い感激で震えた。

倉岳町棚底の曙地区のような、十五夜綱を引いて回るだけの綱引きを「古形」と論じたのは、民俗学者の小野重朗氏である（『十五夜綱引の研究』）。

沖縄で『琉球文学』を著し「オモロ」の研究者であった小野氏は、戦後、鹿児島の指宿高校で教壇に立つ日々のなかで民俗学に出合い『十五夜綱引の研究』という著名な研究論文が生まれる。そのきっかけとなったのが、頴娃《えい》町の男子生徒から聞いた十五夜綱引きだった。藁の大綱を作り、子ども組がそれを引きずって集落の通りを掛声をかけて回る。それが終わると綱を土俵にまわした相撲をとるだけの綱引きだ。

28

小野氏は『民俗学事典』を開く。そこには「綱引きは二組で綱を引き合い、作物の豊凶を占う競技である」との記述。ならば、綱を引きずるだけの綱引きは年占説にあてはまらない、ということになる。「男子生徒から聞いた綱引きの話は重大なことかもしれない」と考え、薩摩半島全域から調査を開始。北は熊本北部の小正月綱引き地帯（これはあきらかに新年の豊凶占い）、南は奄美の島々まで及んだ。二〇年を費やし千四百集落を調査。二二四例の中から次のような南九州の「綱引き発生論」を組み立てる。

綱引きずり（綱を子供組が引いて集落をまわる）→それを妨害する青年組との対立→綱引きずりの途中で子供と青年の綱引き→子供対青年の綱引き→地域対抗などの一般の綱引き。

小野氏はこの論に、それぞれの段階に相当する事例を幾つも挙げて証明するが、日本の綱引き全体、ひいては世界の綱引きがそうした変化を経て始まったと言い切れるのか迷いも残ったようだ。しかし「このような南九州の綱引きの記録を残しておけば、小さい視野かもしれないが、存在意義をもつのかもしれない」と結ぶ。

さらに晩年、小野氏は、東南アジアの水神ナーガ（龍蛇）は雨期には陸に住み、乾期には水の国に帰るそんな送迎の行事があるという例を引き、こう述べる。

「八月十五夜の綱引きは、アジアモンスーンの日本の雨期と乾期の境であり、日本の稲作の終りの時期にもあたる。雨期の水を使って稲や作物が出来上がり、もう水がいらなくなった八月に、龍の神様が集落に別れを告げて海の彼方へ帰ってゆくのではないか」

そして「それは吹上浜にそう日吉町の吉利という集落なんですが、大きなカヤとカズラの綱を作って、十五夜綱引きが終るとそれを担いで吹上浜に運びます。吹上浜には広い松林がありますから、松葉を拾って来て、落ち松葉のことを松の「アレ」と言いますが、それを拾って綱の上に点々と置き、それに火をつける。そうすると、カヤは燃えずに上の松葉だけがきれいに燃えます。青年たちはそれを担いで、海の中にどんどん入って行く。もう月が中天に来ておりますから、潮がそろそろ引く頃、その時に火のついた龍を、海の彼方に流すと、それが沖に向かってずーっと光ながら流れていくんだそうです。それを皆で、年寄りも若い者も集まって、吹上浜に立って送ったと言います」(一九九二年、小野重朗先生傘寿記念講演会「私と民俗学」より)

かつて天草でも、十五夜綱を最後には浜から海に流し、浜辺で火を焚き、集落総出でその綱(龍)を見送ったという。

奄美の八月

南島の正月

二〇〇二年九月の十四・十五・十六日と奄美大島へ渡った。目的は福岡の友人が称讃する「日本一美しい祭」、「ショチョガマ」と「ヒラセマンカイ」の行事を見るためである。もう七年もつづけて出掛けている。

奄美といえば、前年からブレイクしている「ワダツミの木」を歌う元ちとせの出身地だ。それに新しく「奄美パーク」なる観光施設が開園している。名瀬市にある奄美博物館が地道に資料を集積、分析した努力を、レプリカで金をかけたうすっぺらな展示館と、それに「田中一村美術館」が併設されていた。その展示物も最晩年の作品の有名なものはなく、複製品がむなしく掛けられていた。

ところで、一村について美術館のビデオで知ったことだが、一村は終生独身で過ごし、その日常の世話をしていたのが実の姉であったという。その姉も、結婚もせず一村の画家として不遇な境遇を支え暮し奄美で逝ったという。そのことから思い浮かんだのが、奄美や沖縄の南島に姉妹が兄弟の守護神となり、兄弟が船で海に出るとき、姉妹は髪の毛などを兄弟にもたせ航海の安全を祈ったという「オナリ神の信仰」のことだ。

小野重朗氏は「オモロ」には恋歌や恋の歌はほとんどなく、これがオモロの一つの特徴だというが、ゑさオモロには幾つかの恋歌、恋の歌があるとして、それに類する半分が「おなり（姉妹）」と「ゑけり（兄弟）」の恋を主題にしたものだという（オモロ＝琉球で十四世紀頃発生した歌謡）。

一　吾がおなり御神の
　　守らてて、おわちやむ
　　やれ、ゑけ
又　乙おなり御神の
又　綾蝶、成り給ちへ
又　奇蝶、成り給ちへ

我が妹神が
（我が船を）守ろうと来られた
やれ、ああ
若きおなり神が
美しい蝶に化身し給うて
奇しき蝶になり給うて
（第一三巻の二二〇）

また、奄美の島歌の中にも、姉妹が白鳥になって船のトモにとまって守ってくれるという内容のものもある。不思議なことに妻が夫の守護神となることはできなかったという。

兄弟と姉妹との絆に、この国の血縁のセジ（霊威）の神秘がひそんでいるようだが、一村とその姉がそのことを知っていたか否かを、私は知る由もない。

さて、奄美の「ミハチガツ」行事について少し説明をしてみよう。

旧暦八月は南島正月とも称される時節である。最初が新節「アラセチ」と称して八月最初の丙（ヒノエ）の日。それがはじまりで、次が新節から七日目の壬（ミズノエ）の日の「シバサシ」。最後が甲子（キノエネ）の日の「ドンガ」。この三つの日を「ミハチガツ」と称して一年で最も大切な行事の日としている。

奄美の八月は稲の収穫を終えて、忙しい労働も終り、収穫に感謝し、来年の豊作を祈る月で、新節もそのことを表わし、南島正月の所以なのだ。

日本一美しい祭「ショチョガマ」（写真一三二〜一三六頁）と「ヒラセマンカイ」（写真一三八〜一三九頁）もミハチガツの最初の日、アラセチの日に行われる。二〇〇二年は九月十五日にあたり連休と重なった。現在この行事を行っているのは、奄美大島北部の龍郷町秋名集落だけである。

ショチョガマとは、アラセチの早朝の行事であるとともに、この行事に用いられる小屋、建物の名称でもある。小屋は、集落を見おろせる高台に設え、掘立柱にワラ葺片屋根、切妻式で、屋根の広さは五ヒロの方形（約八メートル四方）であったが、現在では少し小さくなっている。そこで未明から集落の男たちが集まってきて屋根に上がる。この場所からは東の方に山なみがあって、そこから日が昇ろうとすると

ショチョガマ

き、チジンと呼ばれる太鼓をたたき、稲霊を招き寄せる歌を歌い、掛声を「ヨラ、メラ」とかけ、四〇〜五〇人がワラ屋根をゆすり倒すのである。倒すことは稲の穂に実入りがよく穂たれていることを形容していて、来年も稲がそのように稔ってほしいとの予祝の祈りが込められているといわれている。

ショチョガマが倒れるとそのワラ屋根の上を輪になり、喜びの八月踊りが歌い踊られ、指笛がなり響く歓喜の一時となりフィナーレをむかえる。この屋根を揺り動かす行為が稲の結実を確約する交合の動作だとして、ショチョガマを『稲の産屋』と称する説もあり、私もこのまつりを見て大いに納得している。

夕暮れになると、こんどは入江の浜で「ヒラセマンカイ」が行われる。

その時間帯になると、家々から御馳走のはいった重箱とお酒を持ち寄り、浜辺にそれぞれの宴席をつくる。そして、「おなり神」である集落の高位の女神人（かつては、オヤノロやノロと呼ばれ、集落で生れそこに住む女性。他所から嫁にきた人はなれない）が磯辺の波が洗う「神平瀬」（カミヒラセ）にあがり、かたや「女童平瀬」（ミヤラビヒラセ）に男女七人の神人（グジ）があがる。

双方が相向い合い、ノロたちが最初に『ネリヤカナヤ』からやってくるという稲霊を招く歌を歌う。すると、女童平瀬の神人が両手を動かし「マンカイ」という手踊りの動作をする。次は女童平瀬が歌い、それに合わせてノロたちが「マンカイ」をする。この歌と動作が実に優雅で、都合五節の歌でくりかえす。「マンカイ」について意味は不明であるが、一般には稲霊を招く言葉だといわれている。

「マンカイ」について、熊本市の松浦豊敏氏から次の資料を教えていただいた。昭和四十一年刊の『奄美民謡大観』には「まんこい」という歌詞がたくさんあり、意味を「歌舞音曲のことでもあるが、情交の意味も含まれている　まんこいは古語のまぐあひの転訛とも見られる」とあった。稲の結実に「マン

ヒラセマンカイ

カイ」はかかせないのである。
沖縄では一般に『ニライカナイ』と称するが、奄美ではそれを『ネリヤカナヤ』と呼んでいる。

松橋のヤブサ

地域に息づく小さき神

不知火海沿岸の地域に点在する小さき神「ヤブサ」を訪ねる旅をつづけている。

二〇〇一年八月下旬、松橋《まつばせ》町西下郷の高島国光さん（七三）から「八月七日の天草の『ヤブサさん』の新聞記事を読みました。私の集落にも明治以前から祀っております『ヤブサさん』と呼ぶ小さな石の祠があります。一月と九月の十五日に集落総出で掃除をし、座祭を行います」との嬉しいお便りを頂き九月十四日に訪ねた。

西下郷本村では高島国光さんと高島協助さん（七一）が待っておられ「ヤブサさん」の祀られている所へ早速案内してくださった。祠は小さいながらも頑丈な石垣の上に明治二十二年に再建されたものであった。祠の前は干拓時に造営された浅川が流れていた。

「ヤブサさんの場所は『浜田』と呼んでいたそうで、私たちの住んどる西下郷本村集落の小字を『原口』と言います。今は干拓で想像もできまっせんが、ここは、かつて海岸で、不知火海からの『原

地域のお地蔵さんみたいな存在の松橋町西下郷本村の「ヤブサさん」。
高島国光さん(右)と高島協助さん(左)が由来などを説明してくれた

（陸）の入口』玄関口だったようです」と協助さんの説明をうける。

祠の中には彩色された木製の男神像が鎮座する。「先年、神像を彩色したとき、神像の説明書きが見つかりました。それには『奉鎮守八幡宮、不時元禄二巳年（一六八九）三月吉日』とありますが『不時』年代は解らないと書いてあるのでしょうか、それにだれも八幡様とは呼びまっせん。それで、これがヤブサさんの御神体かはわかりません。ただ、原口に住みついた私たちのご先祖が、この年代より前にヤブサさんを祀ったことは間違いないでしょう」と国光さんがつづける。

西下郷の原口は二〇戸ほどの集落だった。だが、住宅地化が進み、現在は六〇戸を超える。そんな地域環境のなかで、高島さんたちは、年に二回の「ヤブサさん」の座祭りに、新しい人たちにも参加してもらい、宗教色のない懇親の場として役立てばと考えている。

かつて不知火の海を見つめ、住民を見守り、神格も分らず親しまれてきた、古くて小さき神「ヤブサさん」は、そんな地域コミュニティの中でも息づいていくことを願った。

薩摩の八房

琉球に渡った為朝を祀る

シベリアでは凍てつく季節がはじまったのだろうか。北の国からの客、ナベヅルの第一群が不知火海

鹿児島県串木野市の八房神社のある林。かつては満潮時に「離れ小島」になったという

の南端、鹿児島県の出水平野に舞い降りた。そこから国道三号線を四〇キロほど南下した串木野《くしきの》市の海岸には、鎮西八郎為朝を祭神とした神社があるという。不知火から少し離れるが、私はそこを訪ねた。

不知火海に面した神社で、為朝を祀っているのは現在、私が知る限り二カ所である。一つは津奈木《つなぎ》町の、かつては海に面していた浜地区の為朝神社で、もう一つは水俣市の浜、船津の為朝神社（『肥後国誌』の称するところの「弥八宮」あるいは「矢八宮」）である。この「矢八」を、私は「ヤブサ」ではなかったかと述べた。その可能性を探るため、私は串木野市の為朝を祀る「八房（ヤフサ）神社」の前に立っているのだ。

この周辺は干拓化されてしまっている。だが神社のある場所は、東シナ海に突き出した岬と入り江の面影をかろうじて残している。そして、かつてその地は、満潮時には浮き小島になり、また干潮時に白砂の浜が広がり、海の民にとっては良好の島であった。一帯は明治初期まで鹿児島県屈指の塩田で知られていた。

神社は、串木野市下名別府《しもみょうびゅう》地区の一四戸の氏子が祀っていて、その一人、東別府芳夫さん（七三）が語ってくれた。「神官さんもいない小さな神社で、ヤフサさんと呼んでおります。祭神の為朝さんはここから琉球に渡海したと昔から言い伝えております。それに旧暦の二月六日にはオブスナ祭りと言って、他所からの参拝者もあって昔は賑わいました。『オブスナ』は『産土』でしょうね。ヤフサさんがどんな神様かは解りません」。

滝沢馬琴の『椿説弓張月』の中の別伝に「為朝は薩摩潟の小島より琉球通いの日本船に便乗し順風満帆日ならずして琉球に渡海した」の記述がある。近世末、馬琴が集めた資料にこの串木野の伝説があった。「薩摩潟の小島」とは、ヤフサさんを祀るこの地であったに違いない。

高田の八房

ヤブサの依代は楠の巨樹

妙見祭が近まり、家内安全、商売繁昌を祈願して、祭り奉納の「馬入れ」の人たちが各地区を巡っている最中の八代市を歩いた。

かつての高田《こうだ》村に「八房神社」があるという。それを探して、家々の間を澄んだわき水の水路が縫うように走る、美しい佇まいの高田地区を歩いた。神社は高田の中心地にはなく、訪ねた古刹の親切な坊守の方が調べて下さって、ようやく「小さき神ヤブサ」の祀ってある場所に辿りついた。

そこは、国道三号線沿いで、近くには「ヘルシーパル八代」がある。国道の向かい側は干拓で名高い植柳地区で、鎮座する場所は海岸線だった可能性が高い。そして、そこには、神社とすぐ解る大きな楠の木が緑の葉と枝を一杯広げて立っていた。その光景の前で私はデジャブという既視感に襲われた。鹿児島県指宿市西園《にしぞん》には「モイドン」と呼ばれる民俗神を祀る場所があり、その依代《よりしろ》としてのアコウの巨木が立つ光景と相似していたからなのだ。

高田の「八房神社」は「八房宮」と称されている。近くに住む氏子総代の飯田義春さん（七一）は「昔からヤブサさんと呼んどりました。どんな神様かは解りません。太か楠があるでっしょ。三〇〇年は経っとるです。しかし、楠を切ったり、枝を折ったりすると祟りがあると昔から言いよりました」と語ってくれた。

八代市の旧高田村の「八房宮」には、樹齢三百年はあろうかという巨樹が立っていた

モイドン

祖霊信仰の古層

「指宿市道上の中崎門のモイドンは門（かど＝旧薩摩藩制時代にあった農家の集団の名称）の屋敷と畑との間の竹藪の中にある。祠も石もなく一本のビロウの木の前に注連縄が張ってあるばかりで神とも神域ともいえないのだが、私はそのビロウの葉陰に立っていて、一つの思い出にふけった」で始まる『モイドン雑記』は、一九五五年に報告された小野重朗氏の最初のモイドン研究論文である。

『モイドン雑記』は、鹿児島県指宿地方の内神（ウッガン）信仰調査の折、門で祀る内神四五〇ばかりに混じって「モイドン」と呼ばれる神格のあいまいなものが四〇近くあることに注目したことから始まる。調査を進めるうちに、モイドンとは森殿（殿は敬称でモイサマという老人もいる）で、森神とでもいう意味であろうと確信する。

モイドンのある集落や門は、指宿地方の古習の年中行事を伝えており、他の集落や門に比べて、古くからある集落である。内神が小さいながらも社をもち石の神体があるのに対し、モイドンは社もなく神体も見当たらない。モイドンを祀っていたが、内神祭が盛んになり、モイドンを祀らなくなったという例が多い。

モイドンと内神の性格は、よく似ている。ともに門の内子を守る神で、先祖を祀った神である。また子供を好く神だと言われていて、祭の期日も祭り方も同じである。そこで小野氏は、指宿地方の門の内神とモイドンを五つの型に分けてみせる。

①モイドン単一型　モイドンだけを祀り、モイドンは門から近い森山にある。一七例。

②モイドン内神併存第一型　門の神としてモイドンと内神が併存。森山の中に内神が社をもつ。七例。

③モイドン内神併存第二型　モイドンと内神が併存するが、内神は森山から出て、門の乙名の家の近くや門の中央にある。一一例。

④モイドン内神併存第三型　モイドンがかつてあったが、今は乙名の家の傍に内神のみ。一例（松葉門近くの森山にモイドンがあったことを記憶していた古老がいた）。

⑤内神単一型　内神だけで、モイドンのない門。門の九〇％以上。

この五つの型を、小野氏はモイドンの消失と内神の発生との二つの現象の過程の段階を示すとみて、次のように考える。

最初は森山にモイドンだけがあった。そこに、神社と御神体をもった分かりやすい内神ができる。その後、内神は門の中心に移動する。社をもたず、木立や樹木を神の依代とするモイドンは動けず、抜け殻みたいに忘れられ失われる。「古い信仰形態はこのようにして、変化し、新しい神社信仰にとり代えられたものと考えていいように思う」と小野氏は述べている。

小野氏は鹿児島県喜入《きいれ》町の帖地《ちょうじ》集落の古老の話が忘れられない、と生前に私に語ってくれたことがある。その古老によると、古い形のモイドンは集落近くの常緑樹の木立の生い茂る森山の中央に清い庭を設けて祀りをしていた。その後、そこがだんだん開墾されて畑になり、その清い庭の特に秀でた木だけ

鹿児島県指宿市上西園の「モイドン」の巨樹

を残し神の木とした、という話であった。

かつて小野氏が、モイドンの聖地であるビロウの葉陰で思いにふけった指宿市道上の中崎門のビロウの巨木は今はない。

小野氏が若き日を過ごした沖縄首里の「ソノヒヤン御嶽《うたき》」や「真玉森」という木立の森は、ビロウなどの木を依代として神が降臨する聖地であった。その地での小野氏は、『琉球文学』を著わした「オモロ」の南島歌謡研究者としても知られる。

小野氏は、「御嶽」という言葉より「森」という言葉が古い形であることが「オモロ」の研究から実証でき、指宿のモイドンと沖縄の森との間には血のつながりを直感することができた、と述べるのである。

指宿市上西園のモイドンの依代となるアコウの巨樹の前に佇むと、信仰心のない私にも思わず敬虔な気持ちになるから不思議だ。しかし場違いなブランコが設置されていることに違和感をおぼえたがそのことはすぐに解消された。地区の古老に聞けば、大人がアコウの枝を折ったり不遜なことをするとすぐに祟りがあるが、子どもがこの樹にのぼり遊んで枝を折って地面に落ちても怪我一つしないというのだ。しかし、大人たちは神聖な神木で、子どもが遊ばないようにとブランコを設置したのである。「モイドン」と「ヤブサ」は祟り神として共通する性格を保持し、古い形の民俗神であることに違いない。しかし、モイドンには子孫を見守るという祖霊神としての姿が表れてきているようだ。

沖縄・首里城内にある「ソノヒヤン御嶽」

ヤブサの古形

甑島・敬われ恐れられた神

「ヤブサ」について早期に論じていたのは、民俗学者折口信夫であった。壱岐・対馬を調査し、一九二七（昭和二）年に「壱岐のやぼさは民間で祀る最上の神で、第一眷属（神などに従うもの）が稲荷である。やぼさ神のさらに古い形が残っているのが対馬で、岡や薮に古墓の祖先の霊を祀ったもので、祖霊のいる所であり、憑り神（祟り神）でもある」（『折口信夫全集　第一五巻』「壱岐民間伝承再訪記」）と述べている。

民俗学者の谷川健一氏から「ヤブサ」について、鈴木棠三《とうぞう》氏の『対馬の神道』所収「ヤブサ考」を教示していただいた。同書では「ヤボサ・ヤブサの信仰は九州地方以外に実例を知られていない。北は壱岐・対馬・肥前・肥後・薩摩に亘り、現在確認できる限り西九州に片寄りをみせている」。さらにヤボサの霊地の性質を「風葬、墓地、ヤボサの関連。寄り憑く（祟り）霊魂の謂《いわれ》で、祖霊の祭場であった。現在のヤブサ社のうち、最も古い棟札には大永五（一五二五）年があり、この信仰の普及が決して近世以来のものではなかった」と記している。

不知火に消えかかるように残存する小さき神「ヤブサ」をめぐる旅でも、その古形の片鱗が見られた。しかし、その原像に近い形が、東シナ海に浮かぶ鹿児島県の甑島《こしきじま》にあった。

二〇〇一年、初冬の連休を利用して不知火から甑島へ渡った。下甑島、瀬々之浦《せせのうら》の大内浦《おてのうら》の浜辺に

下甑島・大内浦の浜辺。この一帯をヤブサ山と呼んだ

「ヤブサさん」が祀られていたが、今は集落に移されていた。この「ヤブサの神」は、かつて瀬々之浦の人たちから半ば恐れられ、半ば敬われている神だった。波が洗う砂浜のすぐ傍の竹やぶの中に祀られていた。一方の言い伝えでは神功皇后がお産をした場所で、この神を勧請したとなっているが、村人はこの地の背後に控える一木一草からなる森を「ヤブサ山」と呼び、祟りの山だと恐れている。南の島に欠かせない防風垣根に使う竹をこの地から伐ったりすると、海が大シケになり、死人がでるという。五十数年前に実際にあった話では、手打《てうち》地区の青年四人がヤボサ山で木を伐りだして、舟に積み帰る途中、一転にわかに嵐となって片浦《かたうら》沖で遭難死したという。

瀬々之浦の物知りの古老は真顔で私に語ってくれた。

ヨイトンナ

亥の日と来訪神

不知火海の穏やかな入り江にある天草は倉岳町棚底。その曙地区の十五夜綱引きを見学したとき、ここでは現在も「亥《い》の子突き」が行われていると、嬉しい話を聞いた。

二〇〇二年、十一月十五日が旧暦十月の初亥の日であった。夕闇せまるころ公民館前には子供たちとその保護者、地区の世話役の大人があつまり、直径二五チセン高さ二五チセンの杉丸太にタコ足のように綱をつ

〈上・下〉「ヨイトンナ　ヨイトンナ」の掛声で地面を突く子供たち。
熊本県天草郡倉岳町棚底曙地区

け、子どもたちが数人で大黒さんの歌に合わせて、その綱を引っぱったりゆるめたりして丸太で地面を打っていた。地面に打ちつける丸太は、かつては大きな丸い石であったが、綱がはずれたりするので丸太にガッチリ綱を結びつけたものになったのだそうだ。

一通り予行演習が終ると、集落の家々を地突きして回るのである。お年寄りの居られる家ではその日、亥の子餅を搗いて神棚や仏壇に供え、回ってきた子供たちに配るのである。

地突き歌に「ヨイトンナ、ヨイトンナ」と掛声があるため、この行事を「ヨイトンナ」と呼んでいる。歌詞は次の通りで、曙地区で書き写されたものをそのまま記す。

しょんがつの　しょんがつの
　（ヨイトンナ　ヨイトンナ）
初めの晩に
　（ヨイトンナ　ヨイトンナ）
大黒さんが　下らした
　（ヨイトンナ　ヨイトンナ）
大黒さんと言う人は
　（ヨイトンナ　ヨイトンナ）
こちょうの人なれど
　（ヨイトンナ　ヨイトンナ）
何しに下らした

（ヨイトンナ　ヨイトンナ）
やがやさつに下らした
（ヨイトンナ　ヨイトンナ）
やがやさつのようかよに
（ヨイトンナ　ヨイトンナ）
一で俵ふまして
（ヨイトンナ　ヨイトンナ）
二でにっこり笑わせて
（ヨイトンナ　ヨイトンナ）
三で盃とりよせて
（ヨイトンナ　ヨイトンナ）
四で世の中広めたり
（ヨイトンナ　ヨイトンナ）
五ついつもの国となり
（ヨイトンナ　ヨイトンナ）
六つむみょうをそくさいに
（ヨイトンナ　ヨイトンナ）
七つ何事ないように
（ヨイトンナ　ヨイトンナ）

八つ屋敷を広めたり
（ヨイトンナ　ヨイトンナ）
九つここまえ倉を建て
（ヨイトンナ　ヨイトンナ）
十でとうとうおおさめた
やー　やー　やー

初めの歌詞に「しょんがつの（正月）　しょんがつの（正月）」となっていることでもわかるが、元々は正月行事の大黒歌が、いつの頃からは不明だが十月亥の日の地突き歌に取り入れられたようだ。

また、熊本県の民俗調査記録によれば、かつて天草地方の旧暦十月初の亥の日の夜には子どもたちが、

ヨーイトンゴ　ヨイトンゴ
今夜の亥の子もち　つかせぬものは
鬼児もつ　蛇もつ　つかせたものは
メンメン良か子もつ
何がいやいや　ポイヤイヤ

と歌いながら、家々を地突きして回ったそうである。私の調査では今のところ曙地区だけが大黒歌の亥の子突きを行っている。

さて、亥の日の民俗行事は多彩である。民俗学者・小野重朗氏の調査によれば、まず、隣県の宮崎県で、県南に「亥の日に亥の子神は村の若い男女の縁結びをして餅をもらって村を去って出雲に行く」。県北は「正月十一日に田畑に出かけた大黒様が、旧暦十月初亥の日には家に帰ってこられる」で亥の日は大黒様と関係深い日になっている。

子供組による亥の子突きは西日本では広く行われていて、天草と同様な事例が多い。その中から宮崎県下の二例を紹介してみよう。

宮崎県旧国富村では、亥の子には男の子たちは石に縄をつけたもので各家々の庭を突いて回り次の歌を歌う。

エイトナ、エイトナ、
亥の子の餅ャツカンカ、
コレ程米ノ安イニ、
祝ワン者ハ、
鬼を産メ、
蛇産メ、
角ノハエタ子産メ

宮崎県北川町下赤では、十月の初亥の日には子供たちは家々をまわって、ワラ束にワラ縄を巻いて作った棒で庭の地面を叩く。モグラ除けだという。歌は大黒様の数え歌で、

一デ俵ヲ踏ミ回シ、
二デニッコリ笑ウテ、
三デ杯サシアッテ、
四デ世ノ中良イヨウニ、
五ツイツモノ如クナリ、
六ツ無病息災デ、
七ツ何事ナイヨウニ、
八ツ屋敷ヲ踏ミ広ゲ、
九ツココニ蔵ヲ建テ、
十デトックリ祝ウタ

と歌い家から餅をもらう。餅をくれぬ家では

今日ノ亥ノ子ヲ祝ワヌ者ハ、
鬼ノ子ウメ、
蛇ノ子ウメ

と歌ってはやすものだった（二例とも昭和二十年代ころまで行われたという）。

この天草と共通する歌詞について、小野氏は『亥の子神去来伝承』の中で次のように述べている。

この亥の日の石つき、ワラ棒叩きはどのような意味をもつかもここで考えてみよう。北川町の伝承にも出ているように、これはモグラを除けるためのものと理解されることがしばしばあるが、それはどうも合理化した説明にすぎないと思う。そう考えるのはこの男の子供たちは亥の日の神としてこの行事を行っていると思われるからである。先にも触れたが、子供たちがこの時に歌う「亥の日の餅を祝わん者は鬼になれ、蛇になれ、角の生えた子を産め」という歌は神の呪言と考えねばなるまい。子供のつく悪態にしては厳し過ぎるのである。餅もつかず亥の日の神をまつらぬ者への神の呪言が、この子供たちによって歌われるということは、この子供たちは亥の日の神として行動しているということである。

子供たちは亥の日の神の化身となって家々を訪れて、人々の感謝の新米の餅をうけとり、家々の庭を打ち鎮めて、集落から去ってゆくのである。庭を石でつき、ワラ棒で叩くのはモグラを追うことに限らず、農耕的な意味にも限らず、もっと広い意味で家々の、ムラの土地を打ち鎮めるというのが適当なのではあるまいか。

熊本県の不知火海を隔てた山地でも子供たちが神の化身となって集落の家々を回る行事がある。八代郡泉村五家荘《ごかのしょう》小原《こばる》では小正月の夜子供たちが、長さ二五チセン程のフシの木(シオデ)の先を削って顔を書き、紙の着物を着せた人形を作り、細竹の棒につり下げ、くるくる回しながら集落の家々を訪ねてまわる。一行は家の戸口に立つと次の歌詞を抑揚をつけて三回歌う。

ございた　ございた

稗の山の大黒ジョ
一に俵をふんまえて
二でニッコリ笑うて
三で杯もろよ
四で世の中ようして
五つでいっちょう立つよ
六つで無病息災な
七つで何事ないように
八つで屋敷を広みゅうよ
九つでこの倉立てましゅ
十で徳利お祝いダゴサケ　ダゴサケ

歌い終わると子供たちは、家の人からお菓子や餅を貰い次の家へとなる。

同じ五家荘樅木《もみぎ》では、小正月の十四日の夜「モグラウチ」が行われた。子供たちは家々の前で「○○さんとこの苗床はどこでござろうか。祝うてよかろか悪かろか。一つ二つの返答を下さい」と唱える。家からは「祝うてくれ、祝うてくれ」と答える。すると子供たちは葛や棒で庭や畑を叩く。そのとき「キタナイ、キタナイ、ワタガデル、ワタガデル」と唱えたと言う。

山を隔てた宮崎県椎葉村日添《ひぞえ》では、子供たちがフジカズラの棒で地面を叩いて「サイエンバのモグラなにぶつかにぶつ、今夜の鳥や寝かせんぞ、稗も粟も喰わせんぞ」唱えた。

大黒数え歌を歌いながら集落の家々を訪れる人形回しの子供たち。
熊本県八代郡泉村五家荘小原

五家荘椎木の山一つへだてた宮崎県椎葉村の小正月モグラウチ

人形回しの前日にはモグラウチも行われる。熊本県八代郡泉村五家荘小原

南島の亥の日も見てみよう。八重山《やえやま》諸島では節の前夜に家々を訪ねる「マユンガナシ」が現れる。旧暦八月〜九月の己亥《つちのとい》の日が節で、本土の正月に相当される。いわゆる南島正月と称される所以である。「マユンガナシ（真世の神、豊作の神）」はその前夜の戊戌《つちのえいぬ》の日に集落の家々を訪れるのである。

私は二〇〇五年に八重山諸島・石垣島に渡ったが、このマユンガナシの来訪神事を見ることができなかったので、小野重朗氏の『来訪神事の演劇性』の中から引かせてもらい、それを垣間見てみよう。

石垣島川平《かびら》のマユンガナシの扮装は、手拭いで覆面しクバ笠を被り、上の村では蓑に芭蕉葉をつけ、下の村では蓑にクバの葉。六尺棒をもつ。この扮装をし、清水と塩で口をそそぐとみなマユンガナシの神になって、以後は言葉を発しないという。

明治末年の調査記録『八重山民俗誌』による上の村の由来伝承は次のようにある。

昔、貧しい姿の旅人が年の暮れの夜にこの集落を訪ねて「実は自分はここの北の干瀬に難破した者だが、一夜の宿をお願いしたい」と嘆願したが、どの家でもみな理由をつけて断ってしまった。旅人は最後に、集落の南の端の家を訪ねて頼むと、その家の主人は同情して「こんなみすぼらしい家だが、よかったらお泊まり下さい」と泊めることになった。ところが不思議なことに、真夜中に主人が目をさますと、旅人が座って神詞のようなものを唱えている。理由をきくと「実は自分は農神で、一夜の恩に貴家のために豊作の神詞を唱えているのである」との事で、旅人は来年もまた戊戌の日に訪れることを約して帰っていった。その年は他の家々が凶作であったのにその家だけは豊作に恵まれた。次の年、そしてその次の年きまった戊戌の日に農神はその家を訪れて神詞を教えて帰ったが、その後は現れなくなった。事情を聞き知った村の人々は、神の来訪の代わりに、戊戌年生まれの者にこの神の扮装をさせ、戊戌の日の夜に家々を巡って、この神詞を唱える習わしになったが、このためにこの集落は豊作となるのであるという。

マユンガナシが現れるのは南島正月、節の「大歳を迎える前夜」である。大歳は亥の日なのである。

八重山群島　西表島の浜

鰾神社

名和一族が祀る魚

中世の南北朝時代からの乱世の一時期、不知火の海を制していたのは名和《なわ》氏であった。

後醍醐天皇の側近として知られる名和長年をはじめとした名和一族は、元々伊勢の地にあったが、「承久の変」（一二二一年）の後に伯耆の国（鳥取県）の名和の地に移り住み名和を名乗ったという。

その一族の末裔で、八代市の郷土史家の名和達夫氏とお会いしたのは、二〇〇〇年十月、湯布院で催された「猿田彦フォーラム」だった。しかし、慌ただしいスケジュールで詳しい話もできなかったが、後日、鰾《にべ》神社に関する資料を送ってくださった。

二〇〇一年十二月一日には、名和氏の氏神で一族と八代市古麓地区の方々で奉ずる「鰾《にべ》神社」の祭を見学させてもらうことになった。

「鰾」という現在では聞き慣れない魚を奉る神社の縁起を記す『名和世家』（平泉澄著戦前に刊行）や『肥後国誌』の資料は次のように記す（筆者概要約）。

名和顕忠、八代を没落して長門の海上を渡った時に颱風に遭って船は危うく覆えろうとした。水手（かこ・船頭）のいふには、「命にもかへ難い程のものを海に投ずれば助かる」。顕忠は止むを得ず、重代の系図を海中に投じ、無事上陸することが出来た。

名和一族の会の鰾神社での祭祀

その後再び八代に帰ったところ、帰城して七日目に、領地植柳《うやなぎ》の徳淵《とくぶち》の漁夫・又三郎が、西海大戸の沖で鱏という大魚をとり、之を城主顕忠に贈った。この魚の腹を割くと長門沖で海中に投じた名和氏の系図がでてきた。顕忠はこの魚・鱏を石櫃にいれて埋め祀り『鱏大明神』とした。

名和達夫氏は郷土史『夜豆志呂(やつしろ)九一号』の中で「顕忠が鱏大明神宮を建立した年は『名和世家』では明応九(一五〇〇)年と推定している。それから僅か四年後の永正元年(文亀四年＝一五〇四年)二月、顕忠は相良氏との戦に破れ八代城を去り、宇土へと移り、八代や豊福(松橋)を奪回するための兵をだすが、再び八代を領有することはなかった」と書いておられる。

十二月一日の「鱏神社」の祭の取材許可を、名和家に事前にお願いする連絡を入れたら、達夫氏は留守とのことであった。当日、鱏神社で応対をしてくださった八代市の名和康長氏から訃報を知らされる。私が連絡を取ったその日の夜に達夫氏は逝去されたとの事であった。私は鱏神社でご冥福を祈った。

鰾

ニベを探して

鰾《にべ》とはどの様な魚だろう。それが知りたくてまず魚類図鑑を開くと、鰾とは「東北以南の暖海の沿岸・近海性で砂泥地に生息する肉食魚。呼び名は〈ニベ・イシモチ・グチ〉で体長が八〇チセンにもなる。熊本では〈アカグチ〉と呼ぶ」とある。この魚のうきぶくろから製するものが接着剤の膠《にかわ》で、「にべもない」というのもここからきている。

そこで、八代魚市場に電話すると「アカグチなら毎日市場にあがってますよ」との返事があって、早速出かけた。しかし、アカグチは、ニベ科のニベではなく図鑑でいうところのニベ科の「ゴマニベ」で長大三〇チセンの魚だ。本ニベは不知火海には生息していないだろうとのことで、アカグチを出荷していた漁師さんを教えてもらった。

不知火の海でアカグチ漁を続けていたのは、鏡町漁協港区の平木時雄さん（五四）と優助さん（二五）親子だった。アカグチは十一月から翌年の一月までが旬の魚で、この時期毎日親子で漁に出ているという。

漁法は主にチヌやスズキを主体としたハエナワ漁である。干潮時に不知火の干潟で餌となるシャコや本ムシを捕り、午後に三ッ島沖一帯にハエナワを仕掛ける。一本のハエナワは一キロの長さがあり、針は百本ほど付いている。それに錘をつけ、深さおよそ二〇メートルの砂泥地に這うように仕掛けるのだ。

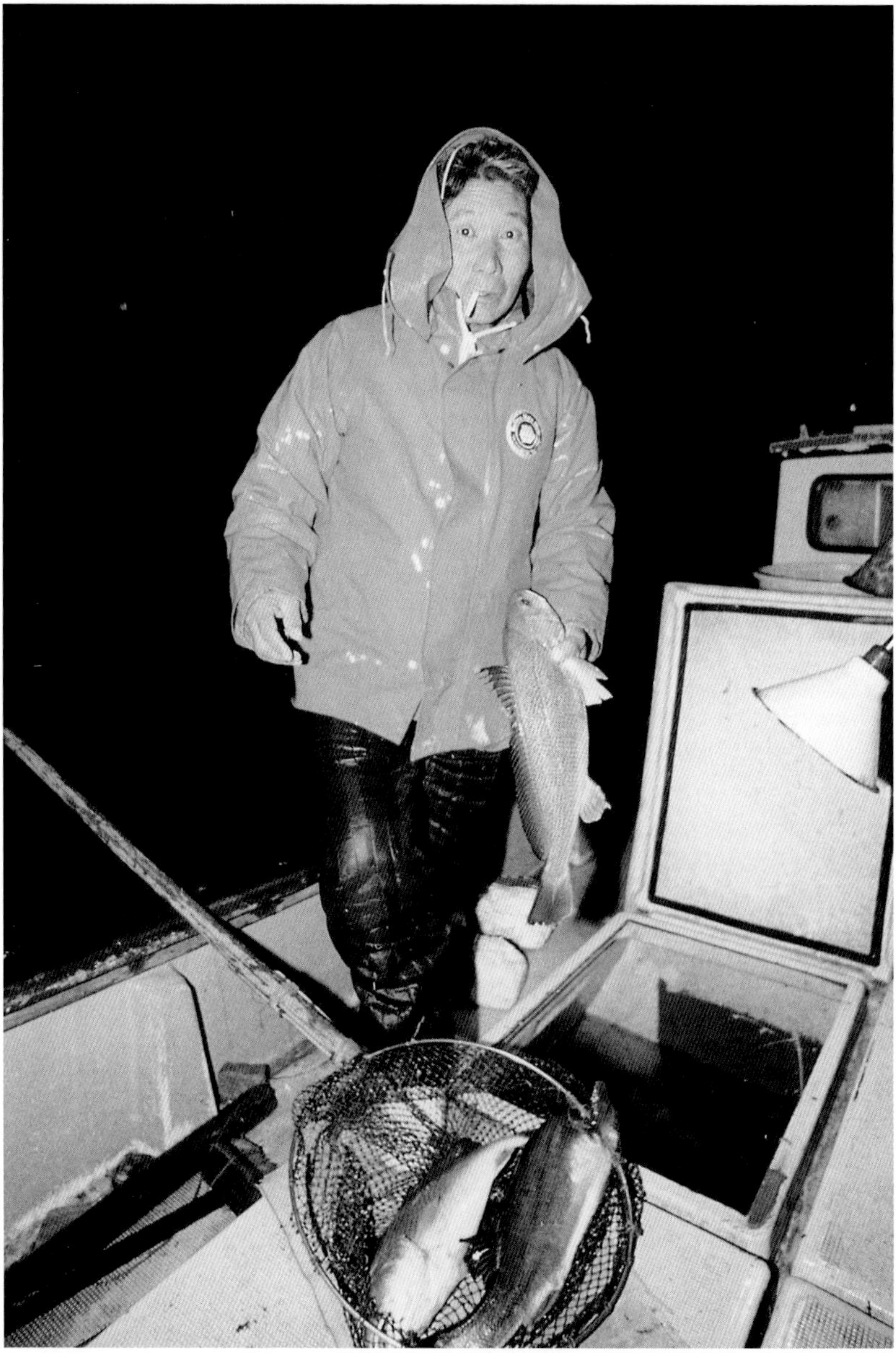

鏡町港区の漁師平木時雄さんは不知火の海でハエナワ漁一筋。
捕ったばかりのアカグチをみせてもらった

そして翌日、朝市出荷時間に合わせて船を出し、ハエナワを引き上げる。取材に訪れた日はあいにくの雨で、「漁獲数も少ない」と時雄さん。しかし、五〇センチクラス、重さ一・五キロのアカグチが数匹捕れていた。

大鞘《おざや》川の樋門の外に港をもつ港区の漁業従事数は四〇戸。このうち一〇戸は、不知火でも苦境に立っている海苔網業だ。平木時雄さんはハエナワ一筋の漁師である。漁を教えてくれたのは、明治四十二（一九〇九）年生まれ九二歳の父親、政雄さんだ。政雄さんは今もかくしゃくとして、不知火の海が豊かだった時代の大鞘川河口の浜の話をしてくれた。

「昔は全体を『徒浜』（カチハマ）と言いよりましてな。尻のハゼ、中ハマ、モド、シラト、南のス、下ス、大ハゼなど歩いていって、アサリやハマグリを採ってましたな。二、三時間で、カマスに一〇袋（重さ一五〇キロ程）は採れてたです。よか浜でした。ばってん、今はもう採れまっせん」

琉球と名和氏

両者を結ぶ「佐敷」

「トーテムポール」。北米西沿岸のネイティブアメリカンが、自らの集団の神話的起源を動物などを彫刻で〝語り〟掲げる集団のシンボル柱だ。

「トーテム」とは「親族集団が神話的な過去において象徴的な関係で結びつけられている自然界の事物。主として動植物が当てられ、集団の先祖と同定されることも多い」（広辞苑）とある。

そこで思い浮かぶのが、南北朝時代から乱世の一時期に不知火の海を制していた名和一族のことだ。伊勢、但馬、伯耆、不知火と移動した一族の系図を「鰾《にべ》」という魚に結びつけ祀る名和氏は、遥かなる昔から伝わるトーテミズムを遵守した海人族と言えはしないか。その様な海の民、「名和一族の中から琉球王朝が生まれた」と、大胆な仮説を戦前に論じたのが、民俗学者でもあり国文学者でもあった折口《おりくち》信夫《しのぶ》である。

折口は、昭和十二（一九三七）年に発表した『琉球国王の出自』で、国文学と民俗学の両面から考察。初代琉球統一王朝（一四〇六〜一四六二）をつくった、第一尚《しょう》氏の先祖の鮫川大主《うふぬし》を「日本出身」と解く。鮫川氏の出身地、沖縄北西部の伊平屋《いへや》島は、当時大和の海人基地に近い存在で、その指呼の間にある運天《うんてん》港に「為朝上陸伝説の地」があるのも偶然ではない、とも言う。

鮫川氏はその地から、沖縄本島南部「イザイホー」という祭りで知られ、琉球の創世神「アマミク」

「さしき人」を調べに訪れた沖縄・玉城村。初代統一琉球王朝をつくった第一尚氏ゆかりの佐敷町と隣接し、浜辺には「ヤハラ司」と呼ばれる「聖地」がある。海上に久高島を望む

が下ったという久高島《くだかじま》につらなる佐敷《さしき》(現在の佐敷町)へ渡った。そして、佐敷の馬天港を中心に(貿易で財力をつけ)勢力を伸ばし、鮫川の孫にあたる、尚巴志《しょうはし》が三国を統一する。

折口は「日琉関係の中世の姿は知れないのではないかと思う。島津氏の琉球入り以前に其小規模なものが、幾度もあったと思う」と言い、「再必然的地理に在る肥後方面からの形を観察して見たい」として、名和氏の資料を読む。

「一三三八年頃、名和氏は八代に入ったとされる。伯耆(島根)以来の家臣、上神氏を佐敷城、喜悦氏は津奈木城、本郷家久を水俣城に配していた。名和氏は八代湾の北頭にある豊福城を根據に不知火の海岸線を占め、そこを逐われるまでに、一族から渡琉を企てた者がいたこともありえる」。その根拠の一つとして、「沖縄の佐敷は、不知火の佐敷を出た名和氏の支流、そのゆかりの『さしき人』ではないか」と述べるのである。

折口信夫はまた、釈 迢空《しゃくちょうくう》という名をもつ歌人でもあった。その歌碑が、那覇港を望む岬「波之上宮」境内に建っている。

那覇の江にはらめ来すぐる夕立は
　さびしき舟をまねく濡れしぬ
　　　　　　　　　迢空

沖縄の歌人、嶋袋全幸氏が次のように解説している。

波之上宮の境内にひっそりと
建つ折口信夫釈迢空の碑

那覇港の入り江に突き出した
断崖の上に波之上宮はある。

――南島の夏は変わりやすい。眩しく照りつけていた陽が翳ったかと思うと、にわかにパラパラと音だてて夕立が通りすぎてゆく。スコールだ。沖縄では夏雨《なつぐれ》とも片降《かたぶ》りともいった。折口先生は、この地で波照間から来た舟を捜された。波照間島は、台湾に近く、文字どおりさいはての島で、民俗学上では注目すべき重要な島なので、渡島のたよりを得られるためか、あるいは聞き取りのためであった。夏雨は、那覇港に停泊している波照間島から来たさびしい舟を、ずっぷりと濡れそぼめて通りすぎる。この歌は、南島の夏の港風景を調べなだらかに移しているが、「さびしき舟をまねく濡しぬ」に、離島に生活する人々に寄する、先生の深いいたわりの情がこもっている。

琉球のヤブサ

風葬の村墓の御嶽

「沖縄にも『ヤブサ』がある」と、教示して下さったのは、水俣市出身の民俗学者谷川健一氏である。前出、甑島の「ヤブサの古形」で紹介した、鈴木棠三氏の『ヤブサ考』に記される「琉球国由来記にある玉城《たまぐすく》村のヤブサツ御嶽《うたき》も考える必要がある」の「ヤブサツ御嶽」がそれであった。

私は、琉球に渡った「不知火人」の面影をたどるささやかな沖縄への旅を続けている。その中で「ヤブサ」の存在が浮かび上がり、二〇〇一年十一月末に玉城村を訪ねた。

琉球の創世神「アマミク」がつくった七御嶽の一つ、沖縄県玉城村の「ヤブサツ御嶽」。まさにヤブの中の断崖にあり、訪れる人はあまりいない。ヤブの向こうには大海原が広がり、久高島が見える

折口信夫が言うところの「さしき人」の地、佐敷町に境をなす玉城村の教育委員会に「ヤブサツ御嶽」の所在を尋ねると「あそこはあまり人が行かない森の中で、道はないし、くれぐれも注意して下さい」と教えてくれた。

「ヤブサツ御嶽」は、琉球の創世神「アマミク」が、波濤に遊ぶ島に天から降臨して最初に造ったと言われている七御嶽の一つ。神話の地であるにも関わらず人が訪れないという。確かに道はなかった。私はハブに怯えながら、うち捨てられたような原野を、カメラ用の三脚でヤブを払い、断崖で行き止まりのジャングルの森の「イビ」と称される祭祀場に着いた。

イビは二カ所あって奥のイビからは、東方の木立ごしに大平洋の蒼い大海原が透け、「イザイホー」という祭りで知られる久高島《くだかじま》の弧影が望まれる。

この「ヤブサツ御嶽」を拝むのは、この地から山手の集落「仲村渠（なかんだかり）」の人たち。そこの昭和四年生れの山川義信さんから貴重な話を聞く事ができた。

イビの前方の崖下は「ナカンダカリクルク（風葬の村墓）」と呼んでいる場所で、全体を「ヤブサキウタキ」と呼ぶ。昔、集落のある人がこの森から焚木を切り出したらその家に祟りがあった。また、ことある毎に火の玉がその地から上がったと伝えられているという。

山川さんの話を伺いながら、私の脳裏に鮮やかに浮び上がってくるものがある。それは熊本の佐敷、芦北町平生の「ヤフサさん」だ。不知火の波濤が洗う地の「ヤフサ」からも、火の玉が上がったという光景であった。

海耕

風に乗るうたせ船の漁師たち

白い帆を輝かせ優雅な姿で海を滑る「うたせ船」での漁は、今はもう芦北町計石《はかりいし》港を基地とした不知火海だけにしか見られないという。

その漁の起源を、芦北町発行の広報には、およそ四百年前、瀬戸内海にはじまり、計石へ伝わってきたのは明治の初期ではないかと推定している。それは幕末から明治にかけて普及した合採網《がっさいあみ》を用い、一名「芸州《げいしゅう》流し」と呼ばれる広島県ではじまった漁法が、今日の計石の「うたせ網漁」に共通しているからのようだ。

現在、計石の「うたせ網漁」には「芸州流し」を「流れ船」と呼び四月から十月まで観光客をのせての一般的な漁と、十一月から三月末日までの漁期『ケタ網漁』の二種類の底引網漁が行われている。

私は、芦北町計石の漁師・楠山政徳さんのうたせ船『漁昌丸』の「ケタ網漁」を見学させてもらった。

二〇〇二年十一月二十九日、午前四時に計石港出航。同船されているのはパートナーの奥様・富子さん。楠山政徳さんは昭和二十二年生れで、大正六年生まれの父親、楠山政次郎さんの船に昭和三十八年から乗り込み三十九年。うたせ船漁を受け継いだ計石四代目漁師である。

「漁昌丸」は昭和四十六年に造船された十一・三トンの木造船で、長さ二〇メートル、幅四メートルの大きさ、そこにうたせの特徴である帆柱が四本立つ。柱は舳先から高さ九メートルの「サシ出し柱」。二番目が高さ一三メートルの

ヤリ出し帆

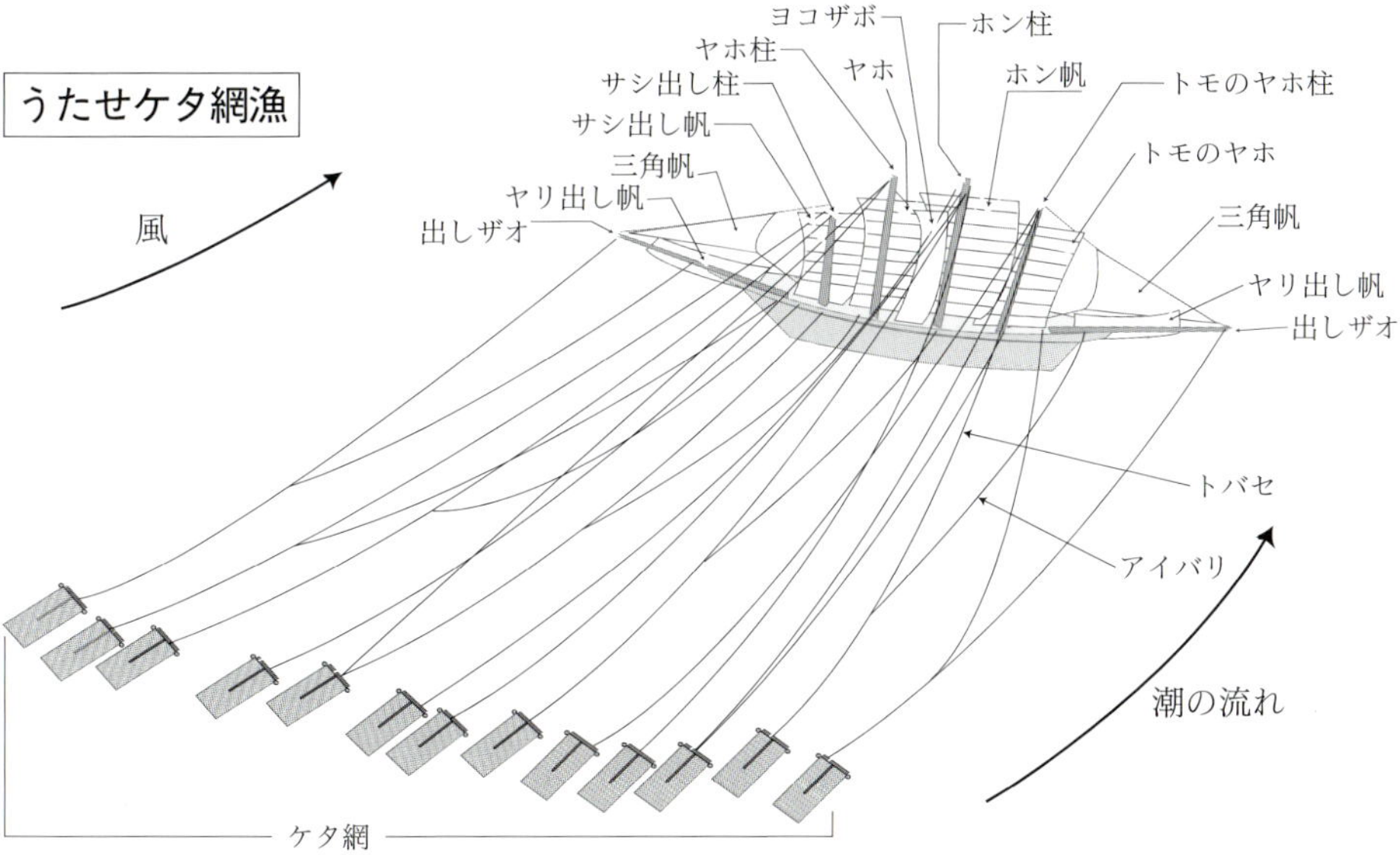
うたせケタ網漁
風
ヨコザボ
ホン柱
ヤホ柱
ヤホ
ホン帆
サシ出し柱
トモのヤホ柱
サシ出し帆
トモのヤホ
三角帆
ヤリ出し帆
三角帆
出しザオ
ヤリ出し帆
出しザオ
トバセ
アイバリ
潮の流れ
ケタ網

「ヤホ柱」。三番目も高さ一三メートルの「ホン柱」。四番目が高さ九メートルの「トモのヤホ柱」で、何れも柱の元が直径八寸（二四センチ）で桧の丸太を利用している。それに船の前後に横に寝かせた状態の長さ一六メートルの「出しザオ」があり、この「出しザオ」は帆をはる時に船から九メートルぐらい前に突き出される。

帆は全部で九枚。前後の出しザオにつけるものが、「三角帆」と横長にはる「ヤリだし帆」。四本の柱につけるものが、前から順番に「サシ出し帆」「ヤホ」「ホン帆」「トモのヤホ」。この四枚には横に真竹の「帆のハリダケ」を七段にくぎって取り付けてある。これを七段から一段まで風の強さに対して調節、方向を変更するときにも前後を上げ下げする。

それに九枚目の帆に余分な帆といわれる「ヨコザボ」がヤホとホン帆の間にはられる。これらの九枚の帆をその日の自然状況にあわせて操作するのが漁師の長年の技術力である。帆の材料は現在、ナイロン製の「クレモナ」と呼ばれる素材を利用している。昔は木綿を利用していて、雨に合わせたりすると布がいたみ長もちしなかった。なお、父親政次郎さんの時代は五トンのエンジン付木造船で長さが一五メートル、幅が三メートル、帆柱と帆の数と仕組みは現在のもの同様だ。

この日は小潮でコチ（東風）の風。潮は北から南へ流れているので「潮を横に曳く状態になる」と楠山さん。

港をはなれ、船に取付けられた魚群探知機のモニターを見ながら説明される。海底まで四二・四メートル、風力は五メートルを表示。計石にうたせ漁が残ったことを楠山さんは柁《かじ》をとりながら次のように話しはじめた。

「朝、気温が低く今日は港を出る時は三度だったでしょう。五キロ沖のここ（海上）では五、六度あります。他所の漁師は、計石前にくると、田浦前の気温と違い寒く感じると言いますね。芦北の風は冷たいです。それで昔から漁師達は〈佐敷の鬼ゴチ（東風）〉と呼んでいました。それは山と川と海の関係か

夜明け

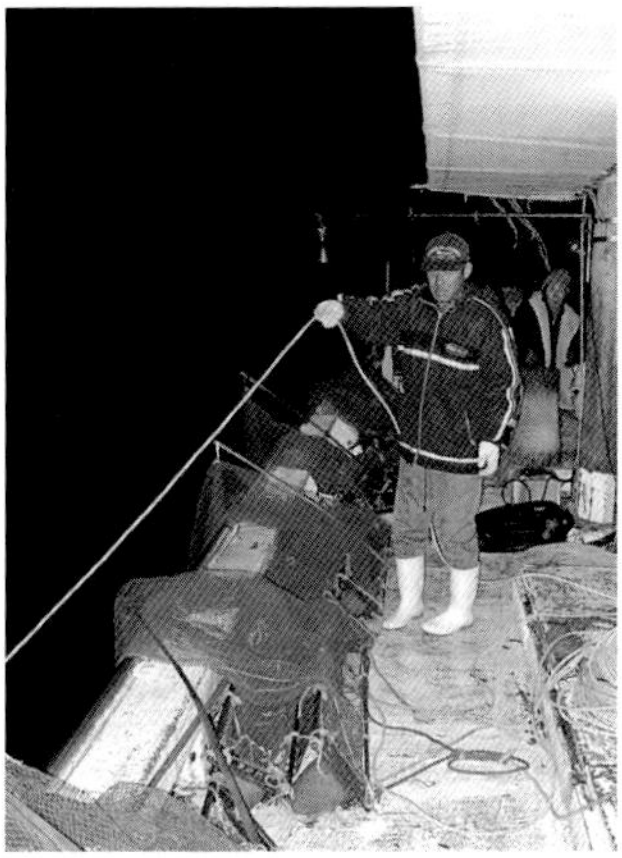

ケタ網を入れる

帆をあげる

楠山政徳さん

ケタ網のロープを調整する

〈右〉帆柱とめ
〈左〉七段帆を固定するカギ

帆を調整する

ら生まれるといいます。山は標高九〇〇メートルの大関山、七〇〇メートルの鏡山などが海からそう遠くない距離にあり、それらを源流に湯浦川と佐敷川が芦北の入り江で合流します。中でも佐敷川が影響しとっとです。

さっきナビ（魚群探知機）で見たように港周辺は三度で沖合は五〜六度。海水温は陸より高い、冷たい陸からのオカカゼがおきて、その風にのってうたせの船は沖へ出られるとです。

昼からは逆で、沖からの高い気温が陸へと吹く。今度はそれにのって港に帰っていたと昔の人はいっていました。特に夏はこの差が大きい。うたせが計石に生き残ったのは〈佐敷の鬼ゴチ〉が言い表すようにこの条件があったからじゃないでしょうか」と言い終わるころ漁場に着き、船上で夫婦のコンビネーションのよい作業がはじまる。

まず四本柱の帆が、二段程上にはられて、重さ一五キロほどのケタ網が沈められて行く。沈めるケタ網の数は全部で一三個。船から海底までロープの長さは海底の深さ×一・五倍。沈める数の負荷にあわせて帆も二段から四段と調整されていく。もちろん強い風の時、帆は上げずに海底に沈んでいる重さとのバランスをとりながら調整される。外から眺めるゆっくりとした時間を感じさせる「うたせ船」の様子とは対照的に、楠山さん夫妻は帆の上げ下げを小刻みに操作している。

『ケタ網』は図（一八八頁）のように二四センチ×一二〇センチの鉄枠に、先が尖り曲った鉄針が二五本櫛状に付けられ、鉄枠の両横には重さ五キロほどの石錘を固定、それに編目一・五センチ角の網が長さ二・七メートルの袋状に取付けられている。鉄枠の部分が昔は樫の木で作られていたそうで、それが横長に海底に沈んでいる様が桁（垂木を受ける横木）なのであろうか。それに特徴的な鉄針の櫛状のものがつき、不知火海の海底の潟をうたせの帆にあたる風と潮の流れで、潟を耕す様に引っ掻いていくのだ。この時期、漁の対象となるのはアシアカエビ、本エビ、マエビとシラサの甲殻類。それらは海底の潟を生息の場にしてい

〈上・下〉ケタ網を引きあげる

〈上〉ケタ網のロープを巻きあげる

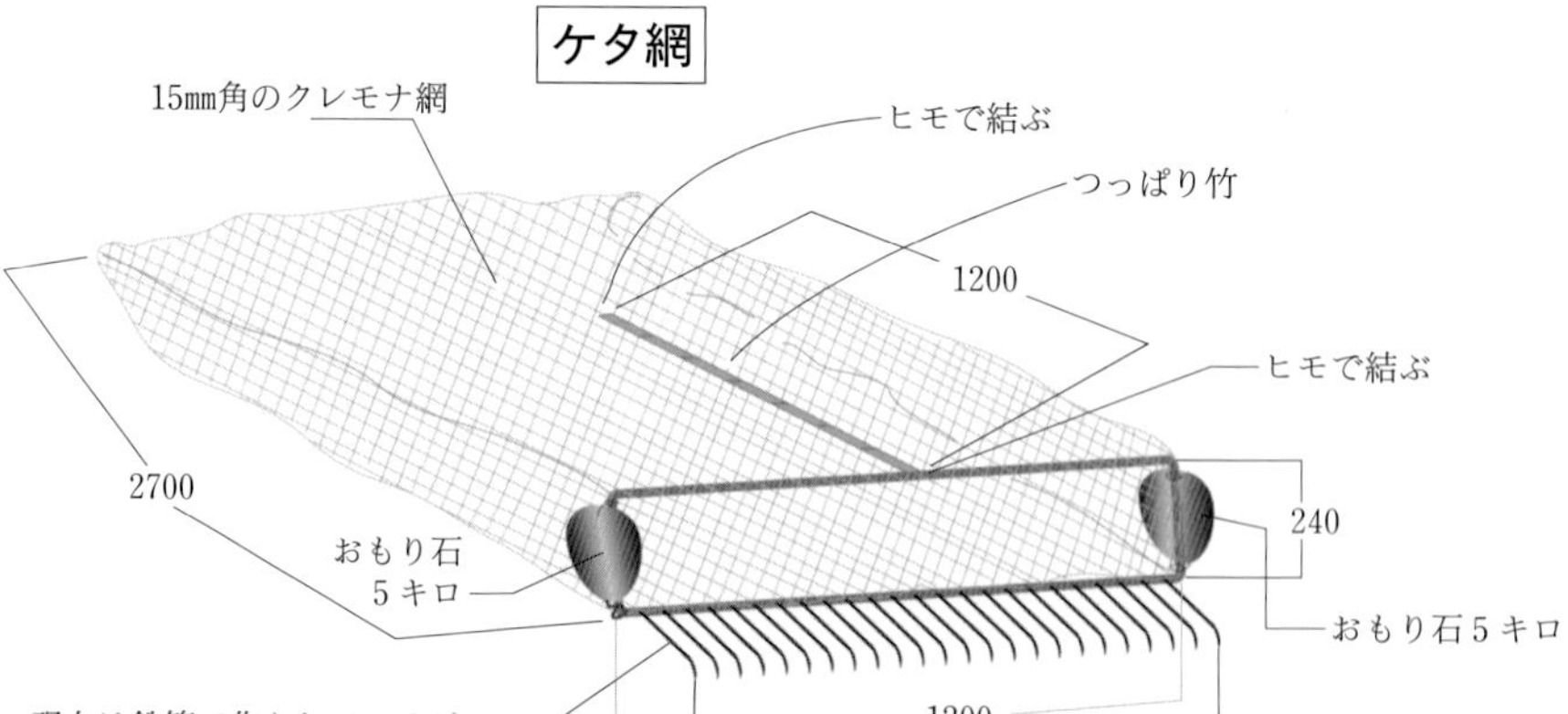
現在は鉄筋で作られているが
かつては樫の木だった。
1200
先の尖った鉄筋が25本これで潟を掻く

るのだ。うたせ船の動力は風で、不知火の海面を走っている。海底ではケタが潟を掻き、エビはおどり網に取り込まれるのである。

漁の主体となるのはアシアカエビで、四月頃に産卵し、九月頃には八〇グラム程に育っている。商品になるのは一〇〇グラムになる十一月からで、漁獲物は漁港に水揚げされ、漁協から大阪や鹿児島の市場にだされる。贈答用や焼きエビ材料としてかかせない。また忘年会用や鹿児島では正月の床の間飾り用の必需品で、バブル時にはキロ二万円で取り引きされたこともあった。

しかし、近ごろではエビ以外にゴミも網に入るようになり、漁獲水揚げと同時に空き缶などのゴミを、コンテナ一杯毎回港にあげて処分している。底引き網漁の宿命と楠山さんは苦笑しながら、不知火の海底でも変化がおこってきていることが手にとるように解るともいう。同じ不知火海でも田浦町御立岬より四キロほど北に浮かぶ柴島を境に、北と南では漁種も海底の潟も違っていた。北の潟はヘドロ状の層でそれが年々南に入り込んできているのだそうだ。その顕著な例がブンブクチャガマというウニで、柴島より南には生息していなかったが最近こちらに移ってきていて、大量に網に掛かるようになったという。そう急激な変化がみられない漁獲物はエビ類だけだが、北の潟の侵入が気がかりだ。

港を出て八時間後の正午過ぎ、この日の漁の終了となった。流した距離は八キロ。時速に直すと一キロの速度で流したことになる。帆を下ろして帰港する頃に西風がふきはじめた。メーンのアシアカエビは六キロほど。それにワタリガニ、ベタガレイ、ニシという貝が主な漁獲だった。

ケタ網漁。その海底での様を想像して見ると《海耕》という造語がうかんできた。現在、計石では、うたせ船が二七艘、一〇〇年前とそう変わらない漁を続けている。一艘が耕す面積は内海とはいえそう広くはない。しかし、その不知火海で続けられてきた海耕は、漁と同時に海底に新陳代謝と活性化をもたらしつづけたと言えはしないか。今日まで持続されてきた漁がその結果の一つを物語っている。

場面を移してみよう。そこは不知火から三角の瀬戸でつらなる有明の海で、疲弊した有明海の干潟をトラクターで耕す光景のテレビ映像にネガティブに結び付く。

潮の流れと風を利用したうたせ網漁はかつて各地にあったという。中でも有明海の熊本市河内や松尾沖では最盛期には一〇〇艘の、うたせ船が競ってその白い帆をはって漁をしていたという。海苔養殖場に変わる前の有明の海の風景であった。

アシアカエビ

ガザミ（ワタリガニ）

ベタガレイ

贈答用の焼エビ

【第五章】シラの行方

鬼火

新生児の成長願う正月行事

九州における正月行事、餅や松飾り、しめ縄を焼く火焚き行事は概ね二つに分けられる。六日、七日の「鬼火焚き」と、十四、十五日の小正月の「ドンド焼き」だ。熊本県下についていえば古くは「鬼火焚き」が行われていた。ところが、北部九州から熊本県央にかけて、時期は判然としないが十四日に行う「ドンド焼き」に変わっていった。そして、その二つの行事が混在しているのが、不知火海沿岸の八代地域や不知火町で、八代の古い集落高田《こうだ》地区は七日に「鬼火」、干拓の新しい地区は小正月に「ドンドヤ」を行う。

不知火町の漁業を中心とした松合《まつあい》は、毎年七日の朝、中・西・和田・山須浦・救之浦《すくいのうら》と、その地区ごとに港や海岸の広場で「ドンドヤ」と呼ぶが実際は「鬼火焚き」が現在でも盛んに行われている。

二〇〇二年一月七日、松合西地区の鬼火焚きを見学させてもらった。かつては不知火海に面した浜辺で行われていたのだが、高潮災害の為、浜を埋め立て造成工事されている広場で、午前十時頃からはじまった。

常緑樹の枝葉のついた柴木を早朝から集落の男たちが山から伐ってきて、広場の中央に杭を打ち、高さ一〇㍍程の頂きに青葉の柴を残した「神木」と呼ばれるカシの木と、同じ高さの孟宗竹の柱が立てられる。そのまわりに柴木を寄せ、高く積んで土台のようにする。そこに各家々から持ち寄ったしめ縄や

2001年1月7日、不知火町松合西地区の「ドンドヤ」と呼ぶ「鬼火焚き」

松飾りも置かれる。中央の「神木」は、集落で長男が生まれて初正月を迎える家の人が費用を出して、山から伐ってきてもらい立てる習わしだ。また「神木」には、農具のショウケに白紙を貼り、人参を角《つの》にして作られた直径四〇チセン程の鬼の面が東向きに付けられる。孟宗竹柱の頂きには五月節句用の弓矢の飾り物がつき、色紙を繋いだ長い吹き流しが何本も下がる。

柴木に着火されるとしばらくは、生木や青葉の柴から燻り煙る。その煙がたなびき、家に入り込むと縁起がよい。また「ドンドヤの火にあたれば風邪ひかん」ともいう。いよいよ炎があがると鬼の面が神木から落ち燃え上がる。鬼の面がなかなか落ちない時は、棒で叩き落とし燃やすとのことである。そうするうちに孟宗竹の節が大きな音で爆ぜて倒れると、喚声があがり、人々が倒れた竹のところに集まり、弓矢の飾り物を奪い合う。そしてそれぞれに持ってきた鋸で焼けあとがつき割れた孟宗竹の一節を切り持ち帰る。その割れ竹は神棚に一年間飾ることによって「ヘビがこん」といい、ヘビ避けと伝えている。またその後、餅も焼かれる。

この日、「神木」を奉納した、不知火の流し網漁師・西岡博史（六五）さんは、二〇〇一年九月に生れた初孫の航太君を抱いて、鬼を焼いて退治する事を目的としたような鬼火にあてて、強く健やかな成長を願っていた。このような次世代を担う新生児の成長を願うという松合の鬼火焚き行事は、他では見られない、この地で育まれた貴重な民俗文化ではないだろうか。

七日後の十四日には、隣接する農業を中心とした地域、松合上・永尾・大見などで、松合とは違い、神木や鬼の面のない孟宗竹の柱のみの「ドンドヤ」が行われる。

鬼火焚きの呼称は、不知火海に面した八代以南、鹿児島県の出水平野で「オンビ、オネッコ」、天草全域で「オネビ、オネブ」、八代郡の泉村五家荘地区でも「オネブ」で、今でも六日、七日に行われて

不知火の漁師、西岡博史さんは初孫を抱いて「鬼火」にあて、
強く、健やかな成長を願われた

いる。特に出水平野や鹿児島県全域では今も盛んに「鬼火」が行われている。

それでは、正月十四日はというと鹿児島県や不知火海沿岸全域で、集落に嫁に入った女性の尻を子供たちが叩き、これも次世代を担う新生児のみごもりを願う「嫁御の尻打ち」が行われていた。だが、その内容があまりにもストレートすぎたのか、今は行われていないようだ。

鬼火について詳細に論じたのは小野重朗氏である。氏の南九州の精緻な調査の中から数例を引いて不知火の鬼火の重要性を確認したい。

「薩南の鬼火―正月に迎える神のこと―」から指宿市の事例を要約して記す。


下吹越集落では子供たちが正月六日に孟宗竹などの竹を集めて、直径一メートル、高さ一〇メートルほどの竹の束でできた柱を青年たちが手伝って立てる。同時に孟宗竹を割って三メートルほどの大きい弓と矢を作り、それに椿の花を貫いた花縄で飾り。それを集落はずれの十字路の場所に立て、先の孟宗竹の柱が立ち上がると頂きに近い場所に取り付ける。

七日の早朝に、各家々からもちよった割木を柱のまわりに積上げて、火をつける。火がまわって、竹がパンパン爆ぜ、弓がはじけて矢が飛ぶと、子供達も見物の集落の人々も「鬼が上がった」とか「大平ン嶽、射落てた」と喚声をあげる。割木の燃えさしをとり出して、子供たちが各戸に配り門松の根方に祝っておく。集落のひとたちはみな集まって、体をなでながらこの火に温まる。またその時に笹の葉を鬼火で少しこがして持ち帰って、牛に食べさせると病気にならず、よい子牛を生む。

一般に鬼火は、この竹の爆じける音で鬼を集落から追い払うための行事だといわれているが、果してそうなのだろうか。と小野氏は疑問をはさみ、竹を燃やすためなら、竹の立派な柱を作る必要がないし、椿で飾った弓もいらない。どの集落でも鬼火には竹か松などの柱を立てる。それが家々に立てる門松に似ていることに注目する。

家々の門松は正月の神が降臨するための依代《よりしろ》。鬼火の柱もまた同様。神を迎える大切な鬼火の柱をなぜすぐに燃やすのか。「簡単な結論からいえば、この火は鬼を追っ払うための火ではなく、神を迎える火。神を迎える火であったからこそ、後に鬼を追い払うなどという強い呪力を認めることになり得たものと思う」と結論づける。

また、「ドンドと鬼火の接触」の論考では、まず各県の民俗資料調査報告書から九州の正月火祭分布地図を描く。

鬼火の分布は、鹿児島県、離島では三島、屋久島、甑島、長島にみられ、奄美の島々、十島《としま》、種子島にはない。熊本県では天草を含む南部、中部でみられ、北部ではみられず、阿蘇山から大分、福岡へと引続く山地に島のように分布圏がみられる。宮崎県は旧島津藩領であった諸県地方と椎葉や高千穂の山地に分布。大分県はない。長崎県には島原半島から佐賀県の全域。その他、九州以外には鬼火はないようだ。

ホッケンギョウは、正月七日の朝にしめ飾りなどワラや竹を集めて集落で竹を爆じかせる行事。福岡県の東部を除きほとんどでみられ、佐賀県の筑紫平野部と東松浦半島に分布。鬼火とホッケンギョウは重複することはない。九州以外にこの呼び名はないようだ。

ドンドは、ドンドヤ、ドンドヤキ、トンドなどといって、正月十四日、まれに十五日に集落ごとに正月の飾り物やワラ、竹などを集めて大火を焚くもの。熊本県の北部から中部に広く分布。中部では鬼火と重複して行う地帯が相当広い。北東部の阿蘇の鬼火とは重複しないで接続する形。大分県ではドンドが分布するが西部山地では希薄。この二県以外には九州にドンドは分布しないのに対して、本州には広く分布。特に近畿、中国はドンドの最も盛んな地帯であり、中部地方は希薄だが、関東には相当濃く、東北にはほとんど見られない。

サギチョウ、サギッチョなどといい正月十四日に旗や短冊などで飾った笹竹などを立てて夜にこれを燃やす。福岡県の筑後地方に限られた分布を示し、七日のホッケンギョウと重複する。それにごく一部ではあるが阿蘇に続く鬼火のみられる水縄山地では鬼火と重複している例もある。サギッチョウは本州、四国にも広くみられ、中国、四国、近畿の海沿いの地方に点々と分布し、中部地方には最も濃く分布していて、関東以北には見られない。

九州の正月火祭を要約すれば、正月七日は九州だけ、なかでも九州を縦に二分してその西側を中心に分布しており、東側には分布の欠除の傾向がみられ、それは南の種子島にまで及んでいる。七日系の火祭は鬼火が中心だが北九州ではホッケンギョウと呼ばれ、その行事内容には大きな違いはない。

それに対して正月十四日系の火祭は九州の北東部から中西部へ斜めの帯状をなして貫いた形に分布しており、この帯は本州に連続しているもののようである。ドンドヤキが中心だが一部に行事内容に特殊なものを含むサギッチョウもみられる。

小野氏は、九州における七日系と十四日系の火祭の交叉の変遷を熊本県中部の事例で次のように説明する。

①熊本県宇土郡不知火町松合　松合の中・西・和田・救之浦・山須浦などの漁家集落では正月七日にオニビといって大火を焚く。大字松合の上・大見・永尾などの農家集落が十四日にドンドヤといっ

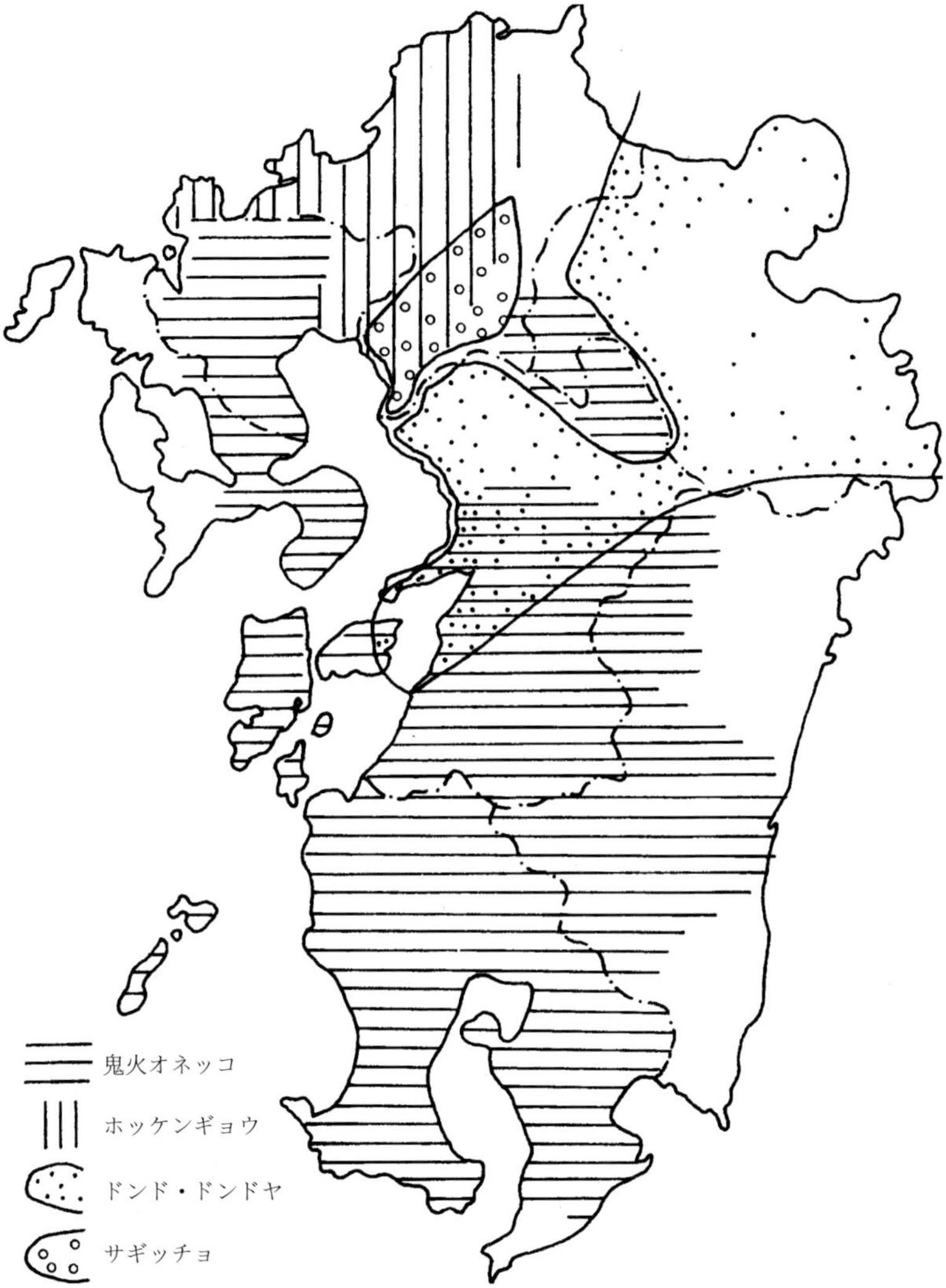

正月火祭分布地図（小野重朗「ドンドと鬼火の接触」1961年より）

て大火を焚く。七日は先にみたとおりだが、十四日のドンドヤには神木などはなく、孟宗竹のみである。

②熊本県下益城郡砥用町今　ほとんどが農家の集落で、元は正月七日のオネビ（鬼火）と正月十四日のドンドヤとを二度ともに行っていたが、今はどちらか一方だけをやる。どちらかというとドンドヤの方をやる傾向が強い。どちらも大きな竹を中心に立てて正月の門松や松飾りなどを積上げて燃やし、餅などを焼いて食べるが、オネビの時は竹を割って鬼の手の形をしたものを子供たちは各自作ってこれを火で燃やす。ドンドヤは大人も手伝って大きくやることが多い。

③熊本県上益城郡甲佐町糸田　農家を中心にした集落で、明治、大正にかけてこの集落では正月七日の夕方に燃やすオニビと正月十四日の夕方に燃やすドンドヤとを二重にやっていたが、二つの内ではドンドヤの方が大きいものだった。現在ではドンドヤだけを行っている。戦後になってオニビの方を止めてしまったためである。

そして「この事例からはっきりわかることは、鬼火とドンドヤを重複して行っていたが、鬼火よりドンドヤへの変遷が起こりつつあることを表わし、②、③では鬼火が消失し、ドンドヤがのこった。①は厳密には重複の例ではないが、同じ大字集落の中で漁村は鬼火、農村はドンドヤを行うというのは興味深い。南九州を通じて農村に較べて漁村ははるかに古い民俗を保持する傾向が強いことから考えて、これは漁村が古い鬼火を行い続け、農村が新しいドンドヤを受け入れて鬼火を棄て去ったことを示しているのであろう。鬼火が雑木を中心に立てるのに、ドンドヤは孟宗竹を中心に立てるというのも、竹を立てるよりもシイやカシの木を立てるのが火祭の古い形であることを示しているのだろう」と、小野氏は述べるのである。

東風留

強風で動けぬ帆船の避難所

天草郡龍ヶ岳町東風留《こちどまり》は、大寒の日の北東の風が磯の匂いをどこかへ誘ったのか、民家の庭に植えられているたった一本の梅の木の花の香りが港通りを漂っていた。そんな中、私は不知火の漁師北垣潮さん（五二）を訪ねた。

北垣家には帆船時代の漁、カマスの干物を年貢として富岡の代官所に納めた記録が残る。明治時代の漁業許可証からたどると、潮さんは五代目網元にあたる。二十歳代のころは弁護士になりたかったが、父親の病気でやむなく後を継ぐことになる。後悔はなかった。

東風留という古風な地名のことを北垣さんに聞いた。「秋から冬に吹く風が〈コチ〉。春から秋の風が〈ハエン風〉と呼びますが、〈コチン風〉とは言わんようです。今のように橋で繋がっていない帆船航行時代に、不知火の穏やかな内海でも、コチの強いが吹くと船が動けなくなったのでしょう。それにここは、すぐそこの対岸が樋島《ひのしま》で、東からの風をうけとめますから、避難所としての〈東風留〉と名付けられたんじゃないでしょうかね」

北垣さんの現在の主な漁は、チリメンジャコの「二艘式船びき網漁」だ。カタクチイワシとマイワシは、不知火海で春と秋の年に二回産卵する。チリメンジャコは、その稚魚の呼び名である。

四月から六月までが春漁。十月から十二月が秋漁となる。だが、二〇〇一年は、同じ不知火海の漁場

不知火の漁場に出る北垣さん。チリメン漁がオフシーズンになると、
小さな船でアナゴやタコ漁をするという

になる対岸は、過去にない不漁であった。二〇〇二年一月十七日付の熊本日日新聞紙面でも「津奈木漁協水揚げゼロ。チリメンが消えた」と伝えられた。

北垣さんの北垣水産は加工まで手掛ける。春漁は例年通りだったが、夏にチリメンが発生するという異変がおきた。そして秋漁本番は、全くの不漁となった。

私は北垣さんの船で沖に出て、漁場を見せてもらった。北垣さんは川辺川ダムが不知火海におよぼす影響を懸念、ダム建設反対運動に参加している。「不知火海の環境問題のことは、漁師がもっと早く気付いて取組まなゃーいかんかったっです。漁師は不知火海の自然の恵みの中で生かされとっとですから」と、その決意を語った。

しびやさん

子どもの水難防ぐ守り神

不知火海に面し、樋島と御所浦島に包まれたような天草郡龍ヶ岳町高戸《たかと》と大道《おおどう》の浦々には「しびや」とか「しびやっさん」と呼ばれる小さな石の祠があり、カッパを祀るという。地区の年配の方や大道の神官、田北正道さんに詳しく尋ねてみたが「しびや」の意味は解らず「渋谷様」の漢字があてられている。

「しびや・カッパ伝承」については、郷土史家の濱名志松氏が調査していて『天草伝説集』に記録している。そこから、大道「勢子の浦《せごんうら》」のカッパを「しびやさん」として祀る由来と、高戸「椚島《くぐしま》」の「しびやさん」について要約して引いてみよう。

　今から百五十年前、村の漁師たちが鰯網を曳きに沖に行って網を入れると、網の中に赤みがかった鰯の大群がかかった。漁師たちは今夜は大漁だと気勢をあげて掛声勇ましく網を曳いた。ところが曳きあげてみると、鰯の大群と思ったのは〝カッパ〟の大群で、網の中には何万という〝カッパ〟がうごめいてさすがの漁師たちも気味が悪くなり、網をにぎったまま途方にくれていた。それをみた船頭は怒って「かたっぱしから打ち殺せ」と怒鳴った。漁師たちは手に手にスイタ（船の下に敷いてある板）を振りあげてカッパになぐりかかろうとした。すると、〝カッパ〟の頭が「この神様がなくなるまでは赤崎の人たちには悪いことはしません」と言って、石で造った神様を差し出した。船頭が「嘘は言わんじゃろうな」と念をおすと、「これまでも、カッパは嘘は言ったことはありまっせん」といったので、その神様と引き替えに〝カッパ〟を海に逃がしてやった。漁師たちは、その神様を持ち帰って、勢子の浦に祠を建てて祀ることになった。それが「しびやっさん」という。

　竜ヶ岳町高戸には「しびや」という祠があり、カッパを祀ってある。祠の横の自然石の梵字が刻まれて、調査の結果「アパリ」で、「無限大」、絶対者（神）の意味であろう。

　しびやは子供の守り神として、旧暦九月五日に十五歳以下の子どもたちが集まって、藁で祠を作る習わしがある（現在は見られない）。瀬戸の集落では、子どもが水難に遭うことが多かったので、しびやさんの前の土を持ってきて、分祠し祀ったと伝えられている。

高戸地区椚島にある「しびやさん」は、高戸の子どもを守る氏神のような河童の神様だ

子供が生まれると、しびやさんに新生児の名前を記した男女色の異なる旗と海の石を奉納する。それは子供が、海に溺れて事故を起こさないように祈るのである（現在では、地区外に出ている孫や外孫の誕生にも祖父たちが同様に奉納して願う氏神的存在になっている）。奉納する石は、海岸から〝カッパ〟に似た石を探して供えることになっている。〝カッパ〟に尻をとられないためであるという。

「カッパにしびや」と聞いて私の心は踊った。大正三年に発表された、柳田国男の『河童駒引』には

〈上・下〉合祀される「しびやさん」小屋川内

「肥後ニモ河童ノ退治ヲ職トスル渋江氏アリキ。今ノ菊池神社ノ渋江公木氏ナド或ハ其ノ沿革ヲ承知セラルルナランカ　―中略―　能ク水虎（河童）ヲ治シ護符ヲ出ス、河ヲ渉ル者之ヲ携エ行ケバ害ナシト云イ、或ハ若者等海ニ小石ヲ投ジテ戯レトセシヲ怒リ、河童此ノ渋江氏ニ托シテ其ノ憤リヲ述ベタリト云ウ」とある。

近世から明治の渋江家は私塾教育に功績ある家だが、その始祖は橘氏で七六八年に勅許によって水神を司祭し、特に河童退治（水難事故防止）の神職として知られる。現在、熊本市にお住まいの四三代目、渋江公昭《きみてる》氏から、天草と関わる渋江家の資料を教えていただいた。その中で、渋江湖灘《とんだん》は文化十四（一八一七）年に、天領天草支配の依頼により富岡城で塾を開き、地方文化の普及振興に貢献した。

近世渋江家文書に、渋江氏と天草の交流関係を記録した『天草廻村袖日記』がある。それには渋江氏を歓迎する天草の人々との関係が記録されている。帆船航行時代、一八五年ほど前の事である。

イワシカゴ

竹製巨大漁具

冬の澄みわたった不知火海に浮かぶ御所浦島と鹿児島県の長島は、水俣市梅戸町の二子島の磯から眺めると指呼の間だ。そんな二子島と梅戸集落間は、埋め立てられ陸続きの広場となっている。そこでは毎年九月から翌年の二月ごろまで、長さ三・六メートル、幅二・七メートル、深さ二・三メートルの巨大な竹製漁具の「イワシカゴ」が作られる。

カゴは不知火海のキンチャク網漁で捕られるイワシの生簀だった。そのイワシは遠洋漁業で、勇壮な一本釣りのカツオ漁の生きた撒き餌として準備されるもの。イワシのいきの良さを保つには竹製が最適で、仲買の漁船が受け取りにくる間の海の倉庫でもある。

訪れた時、高橋昭さん（七〇）夫妻ら四人が作業にあたっていた。イワシカゴは、梅戸町の人が四〇年ほど前から作りはじめたという。高橋さんは水俣市石坂川の農家で、三〇年ほど前から、農閑期を利用して手伝いにきていた。だが、梅戸の先代が廃業したのでカゴ作りを引き継ぎ、毎年この時節になると梅戸の海岸通いが続く。

三〇年ほど前のイワシカゴは、現在の半分の大きさだった。漁船が大きくなるにつれ巨大化した。一本の孟宗竹の長さから作れる限界が現在の大きさで、寿命は一年しかない。毎年、注文してくるのは、御所浦島と鹿児島県東町の網元だが、不知火海では数年前からイワシが捕れなくなって、現在では二、

水俣市梅戸町で作られる巨大なイワシカゴ。竹製でカツオ漁の撒き餌にする生け簀

三の業者だけ。

　その網元の一つを訪ねた。鹿児島県長島の不知火海に面した東町のイワシ漁の網元では、巨大なイワシカゴを載せて漁場まで運ぶ船を「カゴ船」と呼ぶ。全長二〇メートル、一九トンの船には、左右に四個ずつのカゴを積む。最盛期の昭和五十年後半頃には四艘、計二四個のカゴを使い操業していたという。

　話を伺った社長は大正生まれで、三〇年前まで代々続く長島のチリメン漁師だった。「不知火海の出水灘でのイワシ漁は、近年不漁が続き他の業者は撤退し、三年前からウチ一社で、長崎県の小浜沖で操業しています。買付にくるのは三重県と宮崎県の業者です。イワシは不知火海にまた帰ってきます。心配はしとりません」と社長は笑った。

古江《ふるえ》岳

歌垣の山

　天草下島の河浦町にある古江《ふるえ》岳は、かつて、日本の各地で催されたという歌垣《うたがき》の山であった。

　登山口にあたる大古江集落には、古江大神宮神社の拝殿があり鳥居が建っている。ちょうど鳥居の向かいにある坂井武さんの家に伺い、登山道のことと古江岳のことを尋ねた。

　今は山頂まで車で行けて、登山道は荒れてしまって道がないと言われる。昔は祭礼の日が毎月六日。

大古江地区の鳥居から望む古江岳（中央）

大祭が旧暦一月十六日と七月十六日で、特に大祭のときは天草下島、旧十ヶ村の全域から、遠くは鹿児島県の長島周辺からも参詣者があり、登山者で賑わったという。

この地大古江が登山口で、鳥居から拝殿前には店がたち、夕方にはぞくぞくと人が集まる。旧暦十五日の満月の夜十時ごろから、山頂をめざし参詣者が鎖のように列をなして登った。そして、夜明けには家に帰るという参拝登山であった。

そして、この日山に登った若い男女が好きな相手と暗闇に入り結ばれるという縁結びの日でもあった、この時は人妻を盗んでも罪にならないという話も成立していたらしい。

このような歌垣的世界はなにも古江岳だけに限らず、九州では大分県直入郡久住町の宮処《みやこ》野神社の十月十五、十六日の大祭が有名で、ここでは参詣者の「かたげ」が行われた。参詣する男女は未婚者でも既婚者でもかまわず、男が手ぬぐいで顔をかくしている美人をみたらかたげて暗がりに連れて行く、という話である。もちろん、こんなことは現在行われていないというのはいうまでもない。古きよき時代の山をめぐるひとつの世界である。

山頂には立派な社殿の古江大神宮が建っているが、辺りはシイやカシの森で、その樹間から不知火の海が鏡のように望まれた。

かつて、山上で行われた古の祭りの賑わいを幾度となく見届けたであろうシイの古木に耳をあて訊いてはみるが答えはない。

コト

南限の防災儀礼

二〇〇一年の旧暦二月一日は、新暦二月二十三日になる。昨年歩いた沖縄県中頭郡北中城村熱田《あった》では、かつて旧暦二月一日に「シマクサラシー」という行事があった。

「シマクサラシー」とは、「島腐らし」の意味である。由来は船で遭難したり、フカに食われて死んだりした人の霊が、海から集落の家々に入って来て食物を求める。すると家の食物が腐る。それを防ぐため集落で飼っていた牛を殺して、その骨を集落の入口と海岸部に張ったしめ縄に挿しこんで、シマクサラシーが入らないようにしたという。

後には個人の家で行事をやり、サンニンという植物の葉で包んだシトギ餅「ムチ（鬼餅）」が、牛の代わりになり、それを食べた後、サンニンの葉を十文字に結んで、家の入口に吊るしシマクサラシーが入ってこないための悪魔祓いにしたという。

また、奄美大島の瀬戸内町などでは旧暦十月頃の庚申の日を「カネサル」といって、大正の終り頃まで、この日は山から恐ろしい神が降りて来て海に魚を捕りに行く日なので、海や山には絶対行ってはならず、集落で豚を殺し、ノロたち神人をはじめ、全員で分けて食べ、その骨を集落の入口に張った縄に挿しこんだ。後年、豚を殺す代わりに「カーサムチ」といって、餅米を粉にして蒸した団子をバショウやサンニンの葉で包んだものにした。個人の家でもそれを作り、「トベラの枝」に付け、家の入口の戸やすき間に挿し、その日山から降りてくる恐ろしい神が家に入ってこないようにした。

海道で連なる不知火の、天草下島の河浦町久留《ひきどめ》、大古江地区にある坂井武さんの家でも、旧暦二月一日（一九九八年二月二十九日）に「コト」と呼ばれる行事が、消えさる前の残り火のように続けられていた。

大古江は、羊角湾《ようかくわん》沿いの国道から標高一〇〇㍍ほどの峠を越えた古江川の源流地帯にある山里で、私が初めてこの地を訪れた時、どの家も田や畑、背後の山がよく手入れされ、美しい隠れ里の趣きであった。

坂井家では、朝からモチをつき、前日に裏山に自生している「トベラ」の木の枝を切ってきたものと一緒に神棚に供え、祈る。その後、ご主人の武さんと奥様の三笑さんがモチを三㌢四方に切り、トベラの枝に一個ずつ付けていく。そして、その枝を武さんが玄関や縁の雨戸のすき間（現在はアルミサッシ戸）、裏口、別棟の納屋の入口などに挿していく。奥様によると、この日、家の中に悪いものが入らないように（特に病気などの侵入）少しのすき間にもモチの付いたトベラの枝を挿すとのことであった。

民俗学者の小野重朗氏は『コトとその周圏』という論文の中で「コトという行事は本州には著明に分布しているが、日本の南限にあたる天草のコトの方がコトの民俗として、より古い姿を留めていると見ることができよう」と述べている。

旧暦10月につくられる「カーサムチ」餅米を粉にして蒸した団子をサンニンの葉で包んだもの（奄美大島瀬戸内町）

トベラの枝に餅をつけたものを家の隙間に挿す（天草郡河浦町大古江）

〈下〉「トベラ餅」を家に悪いものが入ってこないように挿していく坂井武さん（天草郡河浦町大古江）

ヤブサの行方

菊池と球磨のヤブサ

小さき神「ヤブサ」について、もう少し書き留めておきたい。

不知火を離れ、一例だけその存在が分かったのが、現在の熊本県菊池市にあたる菊池郡旧花房村、木《き》柑子《こうじ》の「矢房神社」だ。神社由来書きには「祭神不祥（戦の神様と口伝）祭日十二月十日、創立寛永四年（一六五七）氏子十二戸」とあり『菊池郡市神社誌』には「岡氏の氏神である」と記されている。

小さな社は、集落の岡本家の裏山にある竹やぶの中にひっそりと佇み、有明海に注ぐ菊池川のせせらぎを聞く距離にある（岡氏と岡本家は縁もなく岡氏については不詳）。

かつて、不知火海に面する球磨川の汽水域にあったのではないかと想起させる、八代市高田《こうだ》の「八房宮」については先に記した。その地から球磨川を遡って行くと、五つの「ヤブサ」が鎮座していると複数の神社誌は記す。

具体的には以下の通り。下流から旧下松求麻村の白滝に「八房神社」があり、上松求麻村にも一例。球磨郡球磨村神瀬の永椎《ナガシイ》には「矢房神社」。同、大瀬の杉谷に矢房神社一例。同、渡村は「八房神社」一例である。

人吉市の青井阿蘇神社禰宜《ねぎ》の福川義文さんや地元の方々を煩わせながら、私は二月の数日、うららかな山里の春の息吹をいっぱい吸い込んで、球磨川沿いの小さき神「ヤブサ」をさがして歩き回った。し

球磨村神瀬の永椎（ながしい）にある山の神の社。傍らに雷で裂かれたのか、
神木らしい古木がそびえていた

かし、球磨村大瀬杉谷の「矢房神社」一例を確認したのみである。

神瀬の永椎には「ヤブサ」と思える一坪ほどの山の神の社が、杉の古木に守られるように建っていた。永椎の方数人に尋ねたが「ヤブサ」という名は聞かぬとの答えが返ってくる。永椎の山の神と大瀬の矢房神社の年に一度のまつりの司祭を依頼される神官、神瀬の尾方典雄さんに尋ねた。すると、「山の神の社の中には四体ほどの神様が合祀されていて、詳しかった土地の古老が他界され分らない」と言う。

他に、芦北と水俣の山中にも「ヤブサ」の神がひっそりと祀られていると、私に電話で知らせてくれた年配の方がおられた。だが、ヤブサの事象を夢中で話され、名前も場所も告げず受話器をおかれた。

その後、一勝地《いっしょうち》阿蘇神社の神主である尾方嘉春氏から二カ所「矢房神社」を教えていただいた。

球磨川に注ぐ芋川右岸、中渡集落の矢房神社は棚田を潤す水口となる高台にあり、対岸に寄り添う集落を見守るように鎮座していた。もう一社は岳本集落にあり、こちらは「八雷神社（ヤクサイカズチノカミヤシロ）の別名があるが、通称は「ヤクサ神社」である。

中渡《なかわたり》の「矢房神社」には教育委員会の標柱が建ち「祭神・創立不詳。祭日は、旧暦八月二十一日」となっている。地元の方に聞いてみたら「火の神さんということは聞いとります。むかし、コバ作のとき、火が飛んで、山火事になったとき祈ったといいよりますが「おヤクサさん」と呼んどります」。

岳本の「ヤクサ神社」については、昭和三年生まれの中渡佳康さんに尋ねた。「詳しいことはわからんが、ヤクサさんは黄泉の国の神さんと伝わっとります。なにか、明治三十四年の山火事の時、この神さんは川の水はきらうということで、山の水を桶で汲んで社にかけたといいます。とにかく、川石の丸いものは神社の周りにも置かない。川原からのものは嫌うといいます」。そして、この神社の祭主をし

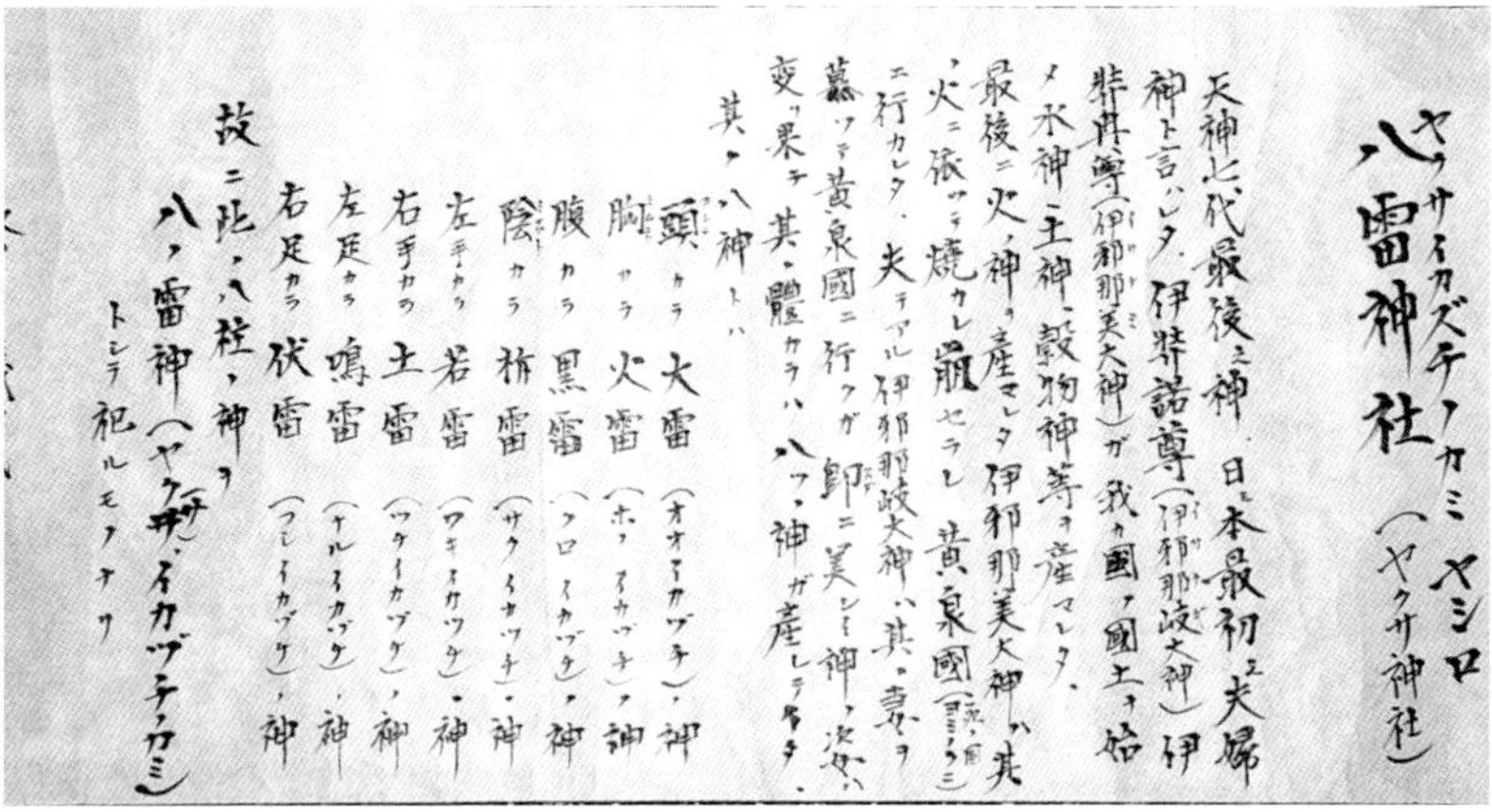

八雷神社《ヤノサイカヅチノカミ ヤシロ》（ヤクサ神社）

天神七代最後ノ神、日本最初ノ夫婦神ト言ハレタ、伊弉諾尊（伊邪那岐大神）伊弉冉尊（伊邪那美大神）ガ我ガ國ノ國土ヲ始メ水神、土神、穀物神等ヲ産マレタ。

最後ニ火ノ神ヲ産マレタ伊邪那美大神ハ其ノ火ニ依ッテ焼カレ崩セラレ黄泉國（ヨミノクニ）ニ行カレタ。夫デアル伊邪那岐大神ハ其ノ妻ヲ慕ッテ黄泉國ニ行クガ即ニ美シイ神ノ姿ハ変ッ果テ其ノ體カラハ八ッノ神ガ産レテ居タ。

其ノ八神トハ

頭カラ 大雷（オオイカヅチ）ノ神
胸カラ 火雷（ホノイカヅチ）ノ神
腹カラ 黒雷（クロイカヅチ）ノ神
陰カラ 析雷（サクイカヅチ）ノ神
左手カラ 若雷（ワキイカヅチ）ノ神
右手カラ 土雷（ツクイカヅチ）ノ神
左足カラ 鳴雷（ナルイカヅチ）ノ神
右足カラ 伏雷（フシイカヅチ）ノ神

故ニ此ノ八柱ノ神ヲ八ノ雷神（ヤクサノイカヅチノカミ）トシテ祀ルモノナリ

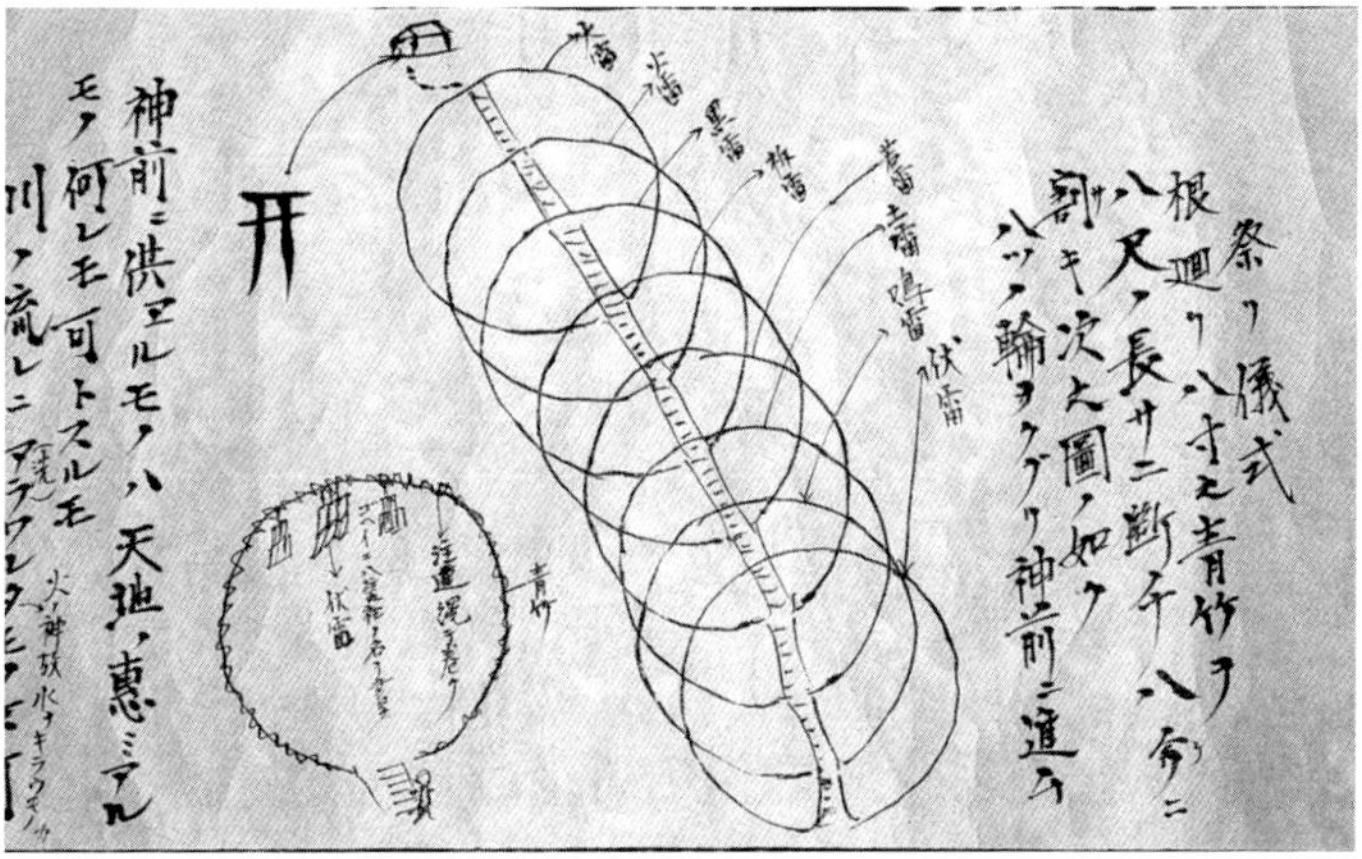

祭リノ儀式

根廻リ八寸ノ青竹ヲ八尺ノ長サニ断チ八分ニ割キ次ノ大圖ノ如ク八ツノ輪ヲクグリ神前ニ進ム

神前ニ供エルモノハ天地ノ恵ミアルモノ何レモ可トスルモ川ノ流レニアラワレタモ

火ノ神放水ヲキラウモノカ

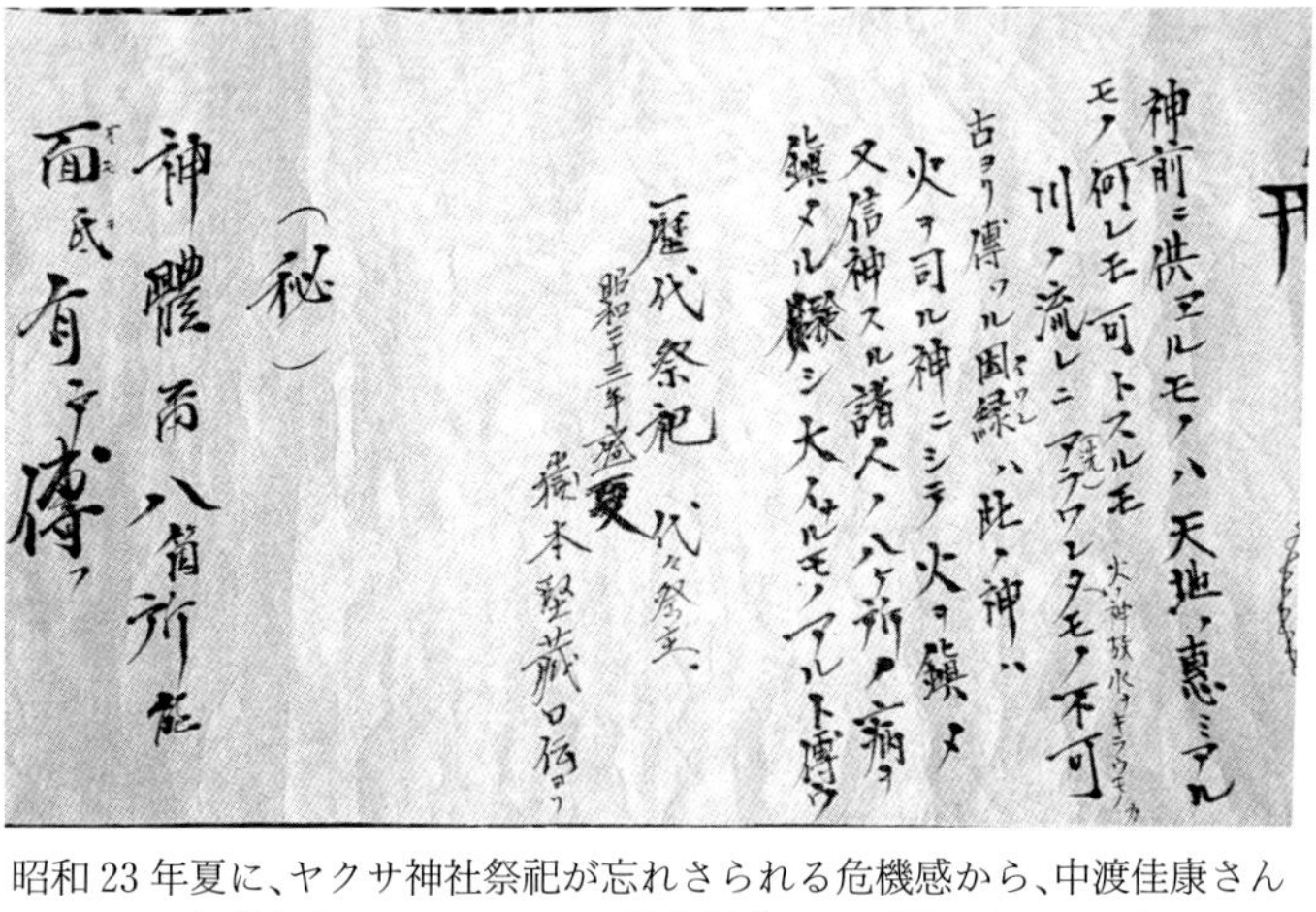

神前ニ供エルモノハ天地ノ恵ミアルモノ何レモ可トスルモ川ノ流レニアラワレタモノ不可 火ノ神放水ヲキラウモノカ

古ヨリ傳ワル因縁ハ此ノ神ハ火ヲ司ル神ニシテ火ヲ鎮メ又信神スル諸人ノ八ヶ所ノ痛ヲ鎮メル靈験シ大ナルモノアルト傳ウ

歴代祭祀 代々祭主

昭和二十三年盛夏

嶽本堅蔵口傳ヨリ

（秘）

神體 而 八箇所

面氏 有シテ傳フ

昭和23年夏に、ヤクサ神社祭祀が忘れさられる危機感から、中渡佳康さんが、ヤクサ神社祭主をつとめていた嶽本堅蔵氏から聞き書きしたもの

ていた故・嶽本堅蔵氏（明治生まれという）からの聞き書きを見せてくれた。

高千穂のヤブサ

神楽に舞われる神

宮崎県高千穂地方の神楽に「ヤブサ」が登場する。その「ヤブサ」は「矢房八郎拝鷹天神《やぶさのはちろうはいたかてんじん》」で、「大《だい》神《じん》」という神楽演目の中で、「道反命《みちのたんのみこと》」「伊勢津彦《いせつひこ》」とともに、大わたつみの神（海の幸）の清め舞い。と一般的な神楽解説書には書かれている。だが、矢房の八郎がどのような神なのか、高千穂でも詳しいことは解っていないようである。

高千穂町の郷土史家・小手川善次郎氏（明治二十二年生まれ、昭和三十二年没）が調査報告され、昭和五十一（一九七六）年に刊行された『高千穂神楽』には、「矢房八郎」についての考察が、わずかだが次のように触れられている。

「「大神」も「地割り」と同様で障害神（祟り神）を祀る舞で命づけは、矢房七郎・道のたんの命・伊勢命の三人舞になっており、あるいは拝鷹天神を加えて四人舞とする説もある。現在では三人舞で、「よど七番」に相当するという願神楽である。矢房七郎は白山矢房である」としておられるが、「白山矢房」の根拠となる説明はなかった。また、同書に収録されている明治二十六年、浅ケ部樋口治吉郎写「高千

矢房七郎が現われ舞う。高千穂「尾狩神楽—大神」の四人舞

穂神楽の唱教」の「地割り」神主荒神言教の荒神の言に矢房が登場する。

荒神は神主に対し「我荒神を押さえ汝何者と問うべきは、七変化をなす猿田彦の命には、天大将軍矢房の七郎拝鷹天神、かれどもこそ我荒神を押さえ、汝何者ぞと問うべきなり」と宣うのである。つまり、荒神を押さえる神に矢房の七郎がいるということであろうか。さらに問答は続くのだが、矢房七郎に関しては他に見出していない。また、この文書の写しには、「大神」番付に、「八房の八郎、みちのだん、いせの命　或は　はいたか天神を加へて四人舞」と記されている。現在舞われているほとんどの「大神」は、矢房八郎と拝鷹天神が合体した神で三人舞になっている。それに、古くは七郎だったのが八郎となっているのもこの国の拘泥しない神観念のなせることかもしれない。

ところが、ヤブサの七郎は長崎県の壱岐の島で古くから祀られていた。ふしぎなことに海を隔てて近い位置にある同県・対馬では「ヤブサ」と発音するが、壱岐では、矢保佐・野保佐などの漢字があてられ、ほとんどが「ヤボサ」と呼んでいる。

山口麻太郎氏の『壱岐に於けるヤボサ神の研究』（一九四一年）によれば、「天大七郎」「矢保佐七郎」と称するヤボサ神が多く祀られ、それを司祭したのが「イチジョウ」と呼ばれる天台派の陰陽師たちで「天台ヤボサ」とも呼んでいたとある。また、壱岐の「ヤボサ神」は、中世の領主、波多氏の菩提寺の鎮守でもあり、ヤボサ神が身分の高下、文化の如何に関係なく、広く尊信せられたことを知り得るとも述べている。

日本創成神話の地、八百萬の神仏が集う高千穂神楽の「ヤブサ」と、遠く海を隔てた壱岐の「ヤボサ神」には、私たちが想像する以上に近い関係にあったようだ。

諸塚のヤブサ

九州最東部のヤブサ

「ヤブサ」について、鈴木棠三氏は『対馬の神道』所収「ヤブサ考」の中で、「現在確認できる限り西九州に片寄りをみせている」と、昭和十六（一九四一）年に述べている。

鈴木氏の説に依って、二〇〇六年現在、私が確認している九州の最東部といってよい「ヤブサ」を祀るところが、九州山地の東側に位置する宮崎県諸塚村である。

諸塚山（一三四一・六メートル）から発した流れが耳川に注ぐ一つの支流七ツ山川。その左岸中腹、弓木《ゆみき》集落の山崎武光宅前の旧道横に「矢房大明神」が祀られている。昭和三十七（一九六二）年刊『諸塚村史』の「弓木の矢房の伝説（谷川十太郎氏採集）」に、由来や年号は不明だが、その小さき神の強烈で酷な話が次のように伝わっている。

或る殿様が行列を整えて通行中、七才になる男の子がその行列の前を横切った。当時殿様の行列の前道を横切る者は討首という定めがあったので子供は忽ち捕えられた。殿様は幼児のことだから許してやれと言われたが、この時既に足軽侍は槍で子供を突き伏せていた。子供は下顎を突き割られて半死半生で道端に倒れていたが、母親が泣きながら連れ帰って、下顎が割れているので食物を摂ることができないため米粥をたいて、紙のこよりに伝わせてのどに通してやった。しかし子供は七日目に死んだ。

　このような死を遂げたのでその霊を慰めるために社を建てて祭ったのがこの矢房大明神で、歯の痛みや顔の出来物などに悩む人が、この神社に米の粥を持ってお詣りすると忽ち癒るというので参詣者が絶えない。


　この酷な伝説には、多分に今まで見てきたヤブサの祟り神的な性格が残影していると思われるが、見逃せないのは不知火海沿岸の芦北や天草のヤブサと共通する「歯の神様」ということだろう。

　二〇〇六年三月十八日、山崎武光さんの案内で弓木の「矢房大明神」が祀られている場所に立ったが、社はなく高さ六〇センチ程の石像だけが草に覆われ建っていた。

　諸塚村にはもう一例、同村七ツ山地区小原井《おばらい》、矢左右《やそう》集落の天神社に「矢ブサ大神」として合祀されていると、昭和六十一年刊の『諸塚の文化財』に記されている。

　二〇〇六年三月二十五日にこの地を訪ねたが、天神社に祀られている神像のどれが「矢ブサ大神」なのか判らない。そこで、集落のほとんどのお年寄りが集う、ゲートボール場での聞き取りを試してみたがやはり判らなかった。そう広くない傾斜地の天神社境内には、元文四（一七三九）年と刻まれた「帯刀墓」が建っていた。天神社のすぐ近くに住む佐藤安之さんに話を聞けば、この墓主は「ヤソウタチワキ」という落ち武者で、この地を切り開いた先祖と伝え聞いているとのことであった。「矢ブサ大神」をこの地で祀ったのは「ヤソウタチワキ」氏であろうか。今となっては知る由もない。

　また、諸塚村の古風な神楽「山守」などが伝わる南川地区には、「矢房」姓を名乗る方がおられる。その姓の由来は不明だが、平成三年に刊行された『南川郷土史』によれば、その姓を名乗った記録が、

「矢房大明神」（上）と案内していただいた山崎武光さん

天神社境内に建つ「ヤソウタチワキ」の墓

諸塚村矢左右の天神社

寛政十二（一八〇〇）年には表れているという。

　諸塚村は、歴史的には隣接する高千穂の影響をうけ、南北朝時代の頃には阿蘇の外輪山伝いに、肥後の菊池氏の一族が遁れ住み着いたという伝説が残るところである。肥後菊池には、先に記したように菊池市旧花房村木柑子の岡氏の氏神だと伝える矢房神社があった。

　ところで、同じ菊池氏が遁れたという伝説の地、九州山地に連なり、天正年代（一五七三〜九二）の神事の記録や「宿神」が残り、「銀鏡《しろみ》神楽」などで知られる「米良《めら》荘」には、現在ヤブサの痕跡さえ見つけることができていない。『西米良村史』によれば、肥後菊池氏の末裔が米良へ入山したという伝承には、確たる証はないが、江戸幕府には認められていたようで、明治元年には、それまで米良を名乗っていた米良氏が明治政府に願い出て、明治二年に菊池氏と改称したとある。

飯干峠から見た諸塚村七つ山

白嶽《しらたけ》

海と山を紡ぐ植樹

森は海を海は森を恋いながら悠久よりの愛紡ぎゆく

冒頭の歌の作者は、農村に住む歌人・熊谷龍子さんで、漁民が山に木を植える運動の「森は海の恋人」の元歌と聞く。

天草でも平成八年、真珠養殖業の松本基督《もとすけ》さん等を中心に、羊角湾に注ぐ谷の斜面で、「森は海の恋人イン天草」が開かれた。元祖「森は海の恋人」の提唱者で、宮城県の気仙沼湾でカキの養殖業をしている畠山重篤さんを迎え、満艦飾の大漁旗がなびく中、植樹祭が行われたことは記憶に新しい。

二〇〇二年三月二日、私は不知火海を眺望しながら山歩きができ「観海アルプス」の称号をもつ天草郡姫戸町の白嶽《しらたけ》（三七三㍍）山頂近くの尾根に出かけた。この日は、不知火の波打ち際にある姫戸小学校の六年生三〇名と先生・保護者らが参加して、白嶽尾根の急斜面で、ヤマザクラ・クヌギ・コナラ・ケヤキなど三〇〇本ほどの植樹が行われた。

あいにくの小雨模様で、強い風が白嶽の尾根を吹き抜けていく。そんな中を生徒たちは、なれない鍬で土を掘り、時折、友人との歓声を交えながらも一本一本を丁寧に植え付けていった。自分の手で植えた木が大きく育つことを願い、ふるさとの山と海を紡ぐわすれられない記念の植樹となったであろう。

今回の植樹には、熊本市にある「天明水の会（会長　浜辺誠司）」が協力して実現した。同会は、海と

小雨が降りしきる中、白嶽の尾根の急斜面に植樹する姫戸小学校6年の児童たち（天草郡姫戸町）

山の再生を願い「漁民の森・子供の森・有明の森」と有明海に注ぐ緑川上流の山々（熊本県北部）に植林しつづけてきた。白嶽の植樹もその運動の一環として行われたもので、姫戸町に同会会員がいて、有明海から三角瀬戸を通って不知火海へと海流の流れるような運動になった。

同会の取り組みは、今年から農林水産省の「漁民の森づくり」活動推進事業となった。同会は実施にあたり「山に木を植え、森づくりをするには長い時間が必要です。この時間を託すのは将来を担っていく子供たちのほかありません」とうたっている。

白嶽の麓の海辺の集落、姫戸町永目の「庵寺」跡には「ヤブサ」があったようだ。姫戸町文化財記録には「庵寺跡　現在、板碑2基、杓子塔婆、先祖を祀ったのかヤブ神様の石像物がある。」とあった。永目の集落を歩いて、そこの方々に尋ねてみたが、「ヤブ神」の石像物どころか庵寺跡さえ確認することができなかった。

シライオ

河口の漁法

不知火海の春の風物詩として知られるシラウオ漁。その漁期が二〇〇二年もフィナーレをむかえようとしている。

　シラウオは先に記した、天草郡新和町の「四手網」（本書一八頁）で紹介したハゼ科のシロウオと混同されやすい魚だ。シラウオはシラウオ科で全長一二センチほどの大きさ。シロウオは成魚で全長五センチと小さく、透明感が強いことで区別がつく。だが、どちらもこの時期、海から川へと産卵に入り、不知火地域での呼び名は同じ「シライオ」であるためややこしい。

　しかし、シロウオが天草や水俣の磯辺の河口に入るのに対し、シラウオは干潟のある河口域に群れをなしてやってくる。このため捕獲量が多く、漁業としての「シラウオ網漁」が存続してきたようだ。

　宇土郡不知火町、救《すくい》の浦《うら》や竜北《りゅうほく》町の漁師による「シラウオ網漁」は、不知火地域の干潟の河口で行われている。干満の差で増幅された潮が入りこむ方向に、漁船の舳先を向け、数本の竹竿を潟に差し船を固定する。

　船の先端には、Ｙ字型の丸太を組み、「Ｖ」の部分に網を取付け敷くように海中にしずめる。「Ｉ」の部分の丸太に人が乗り降りして網を上げ下げする。そして潮に乗ってやってくるシラウオの群れを待ち受け、群れが網に入ったら引き上げるというものだ。私にはシロウオ漁の「四手網」が、船の舳先に取り付けられ、船の大きさと共に改良されたものと思える。

「四手網」とは、正方形の網の四隅を二本の竹でアーチ状に対角線で押え、そのＸ点の中心に取付けた支え木を操作して水中に網を沈める。魚が網の上を通過するときに引き上げるもので、日本の古来からの漁法と言われている。

　シラウオ網漁が続けられている不知火の干潟の海辺を歩いてまわった。昭和四十二年に完成した竜北町の不知火干拓の突端と対岸の不知火町の松合は指呼の間だ。空からみれば、不知火町の海浜干潟の首

氷川河口でのシラウオ漁

シラウオ

を絞めたような光景であろう。そう思うと、ある不知火の漁師の言葉が私の脳裏でよみがえった。「あの高潮の被害は干潟を狭めたしっぺがえしだろな、海の神さんのな……」。

不知火町の松合地区は、一九九九年、台風十八号の影響で、津波のような高潮被害をうけた。

南島のシラ

ニライカナイから

ニライカナイがあるという「大東（ウフアガリ）」の海はまばゆかった。二〇〇一年師走を前に、私は沖縄久高島《くだかじま》を歩いた。

久高島は隆起珊瑚礁の上に一毘土を盛り、それを平たんに伸ばした海抜ゼロのような島である。私は港から歩いて数分で集落に入る。そこは福木《ふくぎ》の広い葉が太陽に照り映える、垣根でかこまれた家々が寄りそう美しい佇まいだった。

ニライカナイより五穀の種子の入った壺が流れついたという伊敷浜は島の東側にある。

海岸線はゴツゴツした岩礁帯から白砂の広い帯となり、小さな海水の鏡を無数に敷き詰めたような珊瑚礁が沖までつづいている。リーフの向こうは紺碧の大海原で、その遥か彼方がニライカナイだ。珊瑚礁の浅い海で、海ぶどうと呼ばれる海藻が付着する網を、珊瑚礁に浸ける準備をしている漁師さんに声を掛けたが返事がない。すぐ近くまで寄っていき、ようやく私に気付いてくれたので話し掛けた。漁師は、自分は海人（ウミンチュ）で潜水漁を長く続けたために耳が不自由だ。もう潜り漁はできないので、海藻や貝類を採って暮らしを立てている。わずかに畑も作っている。その作物はニライカナイから流れついたものはではない、中国菜など今はやりの野菜だ。そこで、五穀の壺のことを聞くと、壺の中身は「麦・粟・黍《きび》・小豆・梹榔《クバ》それにアザカ・ススキ」の七つの種子が出たことなどを教えてくれた。

久高島の伊敷浜に関する記録と言い伝えから、民俗学者谷川健一氏は次のように述べている。

「『琉球国由来記』巻十三には、昔、久高島にアナゴの子（シ）という人がいた。この人は久高島にはじめて住んだ根人（にーちゅ）であった。あるとき伊敷泊に出てみると白い壺が波に浮きながら岸に近づいてきた。アナゴの子の女房のアナゴの姥がみそぎをしてその壺の中をみると、麦、粟、黍、扁豆などの種子のほか、クバやアガサという樹木の種子がはいっていたという話を伝え、伊敷泊にはギライ大主とカナイ真司の二神をまつるとしている。ギライ大主はニライカナイの神にほかならぬ。この話は『遺老説伝』にものっているが、それによると主人公はアナゴの子やアナゴの姥ではなく、玉城村の百名に住む白樽《しらたる》という男とその妻としたミントンの娘ということになっている。この夫婦が久高島に渡ってはじめて住んだという。私が玉城村の古老に聞いたところでは、二人はいとこ同士で結婚したので追放されて久高島に渡ったという（『遺老説伝』一七四五年成立、正史『球陽』の付巻。古老の伝説一四一話が収められている）。

ここで問題にしたいのは白樽という名である。樽は太郎である。南島では誕生することをシラと呼

久高島で出合った海人

んでいる。産室の炉にもやす火をシラビといい、刈りとった稲を穂のついたまま積んでおくことをシラとかシラマズンとか呼んでいる。稲をシラチャネ（白種子）といっているのも、これに関係がある。こうしたことから白樽がおそらく稲に縁のある名だろうと推察することができる。しかし白樽夫婦が百名の海岸から渡っていった久高島には、稲は栽培できない。伊敷泊に流れついた壺の中の穀物に稲の種子はない」（『神々の島　沖縄久高島のまつり』）

長い引用となったが、稲が育たない久高島の伊敷浜で、海ぶどうを収穫していた海人の話にもどろう。ニライカナイについて海人は語った。

「難しいことはわからないが、昔からニライカナイは、太陽の昇る東の海の彼方にあって、穀物や海の幸をもたらしてくれる所だ、島の人が死んだらそこに行く、良いところらしいよ。しかし、俺たち海人が海で遭難すると永久にニライカナイには行けない。トゥムティラーと呼ばれて海を漂っている。四月と九月に神々はニライカナイから舟でやってくる。そのとき死体を拾いあげて島に連れてくる。この日は、俺たち海人は東の海には絶対に行かない。トゥムティラーに逢うと不吉だから。トゥムティラーは永久にニライカナイに行けないので、家族は、三月三日に西の浜というところでタマシイ鎮めの祈願をするだけだ」

来年の午年のイザイホーについて尋ねてみた「イザイホーのことはわからないなー」とぽつりと答えて、海ぶどうが繁茂し、ニライカナイへとつづく珊瑚礁にもどっていった。

「イザイホー」とは、一二年に一度、午年の旧暦十一月に行われる久高島の神祭りである。

二〇〇二年の十二月がその年であったが、十一月には新聞やテレビの報道で全国一斉にその中止が伝えられた。一二年前も中止されている。その理由はまつりを構成する女性が島にいないためである。イザイホーの概要を前出の『神々の島―沖縄久高島のまつり』は、次のように記している。

イザイホーは、久高島で生れた、丑年の三十歳から寅年の四十一歳までの女が、祖先のシジ（セジ＝霊威）を受け、島の祭祀組織に入る儀式である。女たちは、一ヶ月前のお願立てを初めとし、七回のタキマーイ（嶽通い）をして、イザイホー第一日目の早朝、祖母の家に行く。祖母の香炉から自分の香炉へ灰を引き継ぐことで、祖母から孫娘へのシジ（霊威）の引き継ぎが行われる。つぎに来世のシジ神（祖霊神）と現世の祭祀組織の頂点であるノロと根人（ニーチゥ）から、久高島のミコになることの認証を受け、はじめて、ナンチゥと呼ばれる神人になるのである。祭は、霜月十五日、子刻、ユクネーガミアシビ（夕神遊び）から始まる。それによってシジ神の認証を受ける朱リィキィの儀式とイザイ花を髪に挿してのハーガミアシビ（井泉の神の遊び）。四日目、イザイホーに降臨したニライカナイの神々を送るアリクヤー。ナンチュが、男兄弟とミキを交わすアサンマーイ。そうして、無事、イザイホーの儀式が終了した祝いの舞い、グゥキマーイが、鮮やかな扇をかざして舞われ、一日間をおいて、シデガフーという感謝の宴で祭は終る。

ナンチュになった女たちは、ふたたび畑に戻り、島の栄えを、家の栄えを願う。作物が豊穣であるように、海がその幸をもたらすように。そして、なによりもまず、海人であるわが夫、わが息子の無事を祈るのである。

シラニナイ

生まれ清まる常世の海

不知火海沿岸を駆け足で歩いてみた。足元を歩く旅であったが、沖縄のヤブサツ御嶽に詣で久高島を望み不知火を思った。

その様な浮き世離れしたささやかな旅からでも見えてくるものがある。かつての豊穣の海が醸し出した世界が、切迫した未来を映し出していることだ。それは、海上に浮かぶ花綵《はなづな》の列島の、ゆりかごのように穏やかな不知火海で起きた、水俣病事件が暗示したことでもあった。

昨今の有明海と不知火海の環境問題で、漁業への危機感は深刻だ。中でもこの旅で強く感じたのは、豊穣の海の証であり、不知火海の環境に生息する魚族の食物連鎖の底辺を支え、無尽蔵に生まれくると考えていたチリメン漁でのカタクチイワシの極端な不漁や、海と山が出合いその恵みがもたらされてきた球磨川河口の豊穣の海でアマモが消え、アサリがまったく獲れなくなったことが示唆することだ。

不知火の漁師で、どうしても話を聞きたい人がいた。芦北町女島《めしま》・東泊《こちどまり》に住む緒方正人さんだ。

二〇〇二年二月二十四日、緒方さんを訪ねた時、不知火海は白波をたてる東の風が走りぬけていた。

女島は野坂の浦から不知火海に突き出た半島だ。緒方さんの先祖は天草の龍ヶ岳から女島の現在地、東《こち》泊《どまり》に移り住んでから、二〇〇年は経っていないという。正人さんは三代目漁師だ。

「イオは消えてはおらん。イオを資源として見た人間に見えんごつなっただけタイ。イワシは帰って

緒方さんの漁船「甦漁丸（そぎょうまる）」で不知火の漁場を案内していただいた。
天草の島影を背景にうたせ船が白い帆をいっぱいにはっていた

くってすよ。但し、人間が滅びっときですな。そんとき甦るですよ。イオはな、天にのぼっとるですよ。それで、今年の旧暦七月の十六夜をイオマンテンの夜にして、イオが甦るように祈ります」。私のノートには、緒方さんが不知火から消えてゆく魚たちを案ずる、印象的な自身へのメッセージがある。

緒方さんの船に乗せてもらい不知火の海上にでて、「不知火」の語源を思った。「シラ」は、白々と夜が明ける再生の意であることに違いない。「ヌイ」は南島でいうところの「根の国」ニライカナイの「ニナイ」だ。そんな造語が思い浮かんだ。「シラニナイ」は、生まれ清まり、再生をもたらす常世の海ではなかったかと。

今回、奄美の為朝伝説にはふれずじまいで、ヤブサの古形の地ともいえる対馬や壱岐へも足を運べなかった。私の不知火を歩く旅はまだまだ終わりそうにない。

あとがき

人はだれしも、歩いているといろんな出会いがある。そして、感動的な出会いは約束されていて、なにか見えない一本の道で繋がっているように思えてくる。

一九八八年二月十七日、熊本を午前十時に発ち、宮崎県の五ヶ瀬町と諸塚村を結ぶ飯干峠を越え、九州脊梁山地にある一つの山里、諸塚村七ツ山に着いたのは午後一時であった。南国九州とはいえ、脊梁をなす山脈の冬は酷しく、粉雪が舞っていた。

七ツ山本村には浄土真宗の浄覚寺があり、その裏の山手にある小さな稲荷社を中心に、子どもたちが夕方から集まり「鳥追い」が行われる。少し早く着いたので、この行事をお世話されている浄覚寺住職、小川希迪《まれみち》さん宅へ挨拶に伺った。住職は、この鳥追いを見学に来られている先客を案内して村をまわっておられるとのことで、応対にでられた奥様から外は寒いから家の中で待つように勧められ、居間に入りこたつで待った。

午後二時を過ぎたころであろうか、また雪が降りはじめたので、玄関を出て、ちょうど集落を見下ろせる浄覚寺境内にたち、凍てつくような空から薄日が射す七ツ山の写真を撮っていたら、粉雪の舞う中を、住職と先客の二人が帰って来られた。その先客を、住職の小川さんから、小野重朗先生と紹介された。

そのときの私の驚きと感激は、生涯忘れることができない出来事となった。なぜならば、この日七ツ山まで私が携えてきた書が『農耕儀礼の研究』（弘文堂）であり、ついさっきまで、こたつの中で読んでいた本なのである。

私が九州脊梁山脈の自然に魅せられ、その山歩きから、さらに、その山村の民俗を学んでみようと思う起因となった書が『農耕儀礼の研究』だったのである。そして、その著者が今、私の目の前におられるのである。小野先生は、その著書の中で、大隅地方に残る古層の民俗「柴祭り」との出合いを「私にとっては神の啓示のようなものであった。」と述べておられる。私にとっても、この日の小野先生との出会いは、まさに神の啓示であったと思うのである。

この日、小野先生は『宮崎県史』民俗編の調査で、この七ツ山本村の行事を見に来られていたのだ。そして、先生は「ここの村を小川さんの案内で、もう一度見てまわりますから、あなたも一緒に行きませんか」と初対面の私を優しく誘ってくださった。小川さんの車に同乗して、この村の主な集落の家々を訪ねてまわり、小正月の作りものなど写真に撮ったり、その家の方に小野先生が話を聞かれ、あの有名な質問票に、三ミリ角の文字をビッシリと書き込んでいかれる。小野民俗学のフィールドワークが、次々と私の目の前で展開されていった。そのときを契機に私は、小野先生の迷惑を顧みず、先生が脊梁や宮崎県の山間部に足を運ばれるときには、無理に同行をお願いして教えをうけ、勝手に押し掛け弟子を自負している。

そんな私が最近、小野先生を煩わせていることがある。それは、九州山地で行われる霜月神楽の日に、神楽に先立って祀られる、人形御幣を木に供えるという「モリ」の儀礼である。このモリの儀礼を、私は神楽以前の祭祀と位置づけ、「脊梁のモイドン」と称し、小野先生の失笑をかいながらも、あたたかい助言をいただいている。

一九九二年の霜月には、小野先生と集中的に米良や椎葉を泊まり歩いた。近ごろ頻繁にそのときの夢を見る。それは、椎葉の奥深い森にある槙の巨樹のモリ木の前に私が佇んでいて、そのモリ木に供えられる、それぞれの地で変化をみせる人形の白い御幣が、次々と私の目の前で浮かんでは消えするのである。そして、その中の一つが、小野先生の笑顔になって浮かびあがり、フェイドアウトしていくのである。

右の文章は、一九九三年刊の『小野重朗著作集3』（第一書房）の月報に寄せたものです。はじめての私の著作のあとがきにはこれしかないと思い採録しました。

この本は、熊本日日新聞の文化欄に連載した「不知火の神と暮らし」（二〇〇一年四月〜二〇〇二年三月）と、水俣・本願の会『魂うつれ』（二〇〇三年一月〜二〇〇四年一月）の連載をベースに新たに書き加えたものです。声をかけてくださった熊本日日新聞の小野由起子記者、その後、編集を受けもっていただいた藤本雅士記者、吉田紳一記者、『魂うつれ』に書くように勧めてくださった渡辺京二氏、石牟礼道子様はじめ本願の会の方々にあらためて御礼申し上げます。そして、弦書房の小野静男さんが面倒な編集をわかりやすくまとめてくださった、御礼を申し上げます。

また、連載中から、「カリガリ」のカウンターで、的確なアドバイスや貴重な資料を提供していただいた松浦豊敏さんには、それに応えることができたとは思えませんが、厚く御礼申し上げます。そして、いつも一緒に旅をしてきた、東靖晋さん、前山光則さん、松下純一郎さん、石垣島の佐渡保信さん、装丁家の毛利一枝さんほか、多くの方々に御礼申し上げます。

なにより今回登場していただいた皆様には、どこの馬の骨とも知れない私の厚かましい質問や写真の取材協力を快く受けていただき、感謝に堪えません。この場をおかりして御礼申し上げます。
最後に、いかに小さな旅とはいえ、行く先や日程も告げずに家を出る、愚亭主で父親失格者を、あたたかくうけいれてくれる私の最愛の家族に感謝したい。

二〇〇六年七月

江口　司

各項の所在地と主な参考文献

【第一章】不知火の海から

節句浜（一）

◇天草上・下島、熊本県天草市深海町の漁港から上天草市大矢野町の蔵々の浜まで。河浦町乗田（のりでん）では、海藻類の「口開け（採りはじめ日）」を決めていて「天然アオサ」が二月下旬。節句浜の日が「ワカメ口開け」であった。「ヒジキ」は、三月下旬から四月上旬と、その年の気候状況で取り決めている。新和町中田では養殖業が盛んで、漁協などから貝類を食べてはいけないとの通達があっている。

節句浜（二）

◇熊本県水俣市茂道港から宇土半島の三角港まで。水俣から芦北までは、お年寄りの女性から、水俣病の影響と、コンクリート防波堤や港の造営でほとんどの浜がなくなり、行けなくなったとの嘆きが聞かれた。

◇天草市御所浦島へは、本渡市からフェリーで渡った。島には「白亜紀資料館」があり、恐竜の骨が発掘されたことで、全島まるごと恐竜博物館と銘打っている。

◇柳田國男「海南小記」一九二五年・「海上の道」一九六一年『柳田國男全集1』筑摩書房

◇仲松弥秀『神と村』梟社、一九九〇年

◇小野重朗『奄美民俗文化の研究』法政大学出版局、一九八二年

◇東靖晋『境のコスモロジー』海鳥社、一九八九年

四手網

◇熊本県天草市新和町天附。

◇日本民俗文化大系5『山民と海人』小学館、一九八三年

◇『くまもと自然大百科』熊本日日新聞社、一九九五年

農と漁

◇熊本県天草市御所浦町大浦。

亀乗の石像

◇熊本県天草市御所浦町唐木崎。妙見については、八代市未来の森ミュージアムで照合した。芦北町の塩汲岳の山の神については、松生集落の方々に話を聞き、山の神は女性と確認。

◇大護八郎『山の神の像と祭り』国書刊行会、一九八四年

産島

◇熊本県天草市河浦町下平、同市新和町上平。天草では、産婆さんのことを「コズイバサマ」と呼んでいる。

◇『熊本県大百科事典』熊本日日新聞社、一九八二年

産島・亀島

◇熊本県八代市古閑浜町。

◇『肥後國誌』――明和九（一七七二）年に、肥後藩軍学師範・森本一瑞が、成瀬久敬の『新編肥後国志草稿』（一七二八）などを採用し、著わした肥後の地誌。

◇『古語拾遺』――大同二（八〇七）年に、斎部広成が、忌部一族が受け継いだ諸伝承を平城天皇に撰上した、『古事記・日本書紀』と相対した日本の歴史書。岩波書店文庫版。

山姥

◇熊本県八代市泉町五家荘。宮崎県椎葉村尾前。宮崎県諸塚村飯干。椎葉村では尾前義則さんの猟について歩き、話をきいた。「オコゼ」は尾前のコウザキ宿だったという方から見せてもらった。

◇金山正『五家荘随筆』一九五四年

◇柳田國男「山の人生」一九二五年『柳田國男全集4』筑摩書房

◇東靖晋『境のコスモロジー』海鳥社、一九八九年

土人形

◇熊本県天草市本渡。本渡歴史民俗資料館の本多康二学芸員から土人形について教示をうけた。

◇本渡市立歴史民俗資料館編『天草土人形里帰り特別展』図録、二〇〇二年

鶴木山

◇熊本県芦北町鶴木山。鶴木山の霊能者は芦北中に知られた、所謂「まっぽしさん」で、有名な話では役場で重要な書類がなくなり、途方に暮れた職員が霊能者に相談に行き、託宣をうけ無事失せ物がでてきたという。

松ヶ崎

◇熊本県芦北町女島平生。大関山（九〇二メートル）から生まれた流れが不知火海に注ぐ佐敷川と湯浦川。その出合う河口が佐敷の入り江。松ヶ崎さんのほおづえをつく石像は、湯浦川左岸の突き出した磯に建っている。

ヤフサさん

◇熊本県芦北町女島平生。ヤフサさんの祭日は、旧暦九月二十九日。赤飯、御酒、塩を供え、角力大会があった。古老の話では神功皇后の伝説があり、戦の神さん。支那事変のときは、出征兵士が浜にでて、「コウガイウズマキ貝」を拾い馬の蹄の数だけ奉納したという。ヤフサさんは強い神で、その前を通るとき航行する船のエンジンが止まったり、体がゾクゾクしたりする。火の玉があがるのを計石の人が一〇年前にも目撃した。

◇小野重朗「矢房神（ヤブサドン）」『民俗神の系譜』法政大学出版局、一九八一年

波多島

◇熊本県芦北町田浦。田浦は在、町、浦の三地区からなり、ヤクサさんは、在にある。薩摩や天草でもヤフサさんが、薬師さんと混同されて伝わっているようで、そこから「ヤクサさん」と呼ばれることが多い。波多島の矢具神社は、もと

もと「ヤクサさん」と呼んでいたと波多島や田浦の三地区の古老たちは教えてくれた。
◇小野重朗「矢房神（ヤブサドン）」『民俗神の系譜』法政大学出版局、一九八一年

【第二章】ニライカナイの海へ

ミルクガニ
◇鹿児島県出水郡東町、不知火海沿岸、熊本県上天草市大矢野町。
◇『くまもと自然大百科』熊本日日新聞社、一九九五年

ミルク神
◇宮崎県椎葉村嶽之枝尾、沖縄県石垣市新川、沖縄県粟国島。
◇柳田國男「みろくの船」一九五一年『柳田國男全集1』筑摩書房
◇宮田登『ミロク信仰の研究』未来社、一九七五年
◇『粟国村誌』一九八四年
◇岡谷公二『南の精神誌』新潮社、二〇〇〇年

鼠の常世
◇不知火海、八代市鼠蔵町。
◇柳田國男「はてなし話」一九二七年『柳田國男全集8』・「鼠の浄土」一九六〇年『柳田國男全集1』筑摩書房
◇『肥後國誌』青潮社、一九七一年
◇橘南谿『東西遊記2』平凡社、一九七四年

鼠蔵島
◇熊本県八代市鼠蔵島沖、南・北平和町沖。
◇『原色新海藻検索図鑑』北隆館、二〇〇二年

サス
◇熊本県八代市南・北平和町沖。

ガゴ
◇主に熊本県日奈久・芦北地域。
◇丸山学『熊本県民俗事典』日本談義社、一九六五年
◇柳田國男「妖怪談義」一九三〇年『柳田國男全集6』筑摩書房
◇エドワード・S・モース『日本その日その日』平凡社、一九七〇年
◇斎藤研一『子どもの中世史』吉川弘文館、二〇〇三年

天草のヤブサ
◇熊本県天草市河浦町新合立原・上天草市松島町内野河内。
◇小野重朗「矢房神（ヤブサドン）」『民俗神の系譜』法政大学出版局、一九八一年

循環の海へ
◇熊本県天草市新和町竜洞山山頂にて。竜洞山は自然公園として整備されていて、山頂まで車で行ける。

【第三章】環境と伝承

鎮魂の水俣湾
◇熊本県水俣市汐見町親水護岸。

のさりの海
◇熊本県水俣市恋路島沖。

明神崎
◇熊本県水俣市明神崎・宝川内。

再び明神崎
◇熊本県水俣市明神崎。

明神崎伝承
◇熊本県水俣市明神崎・宝川内。
◇谷川健一・比嘉康雄『神々の島―沖縄久高島のまつり』平凡社、一九七九年
◇阿部謹也『ハーメルンの笛吹き男』筑摩書房、一九八八年

水俣のヤブサ
◇熊本県水俣市汐見町。
◇折口信夫「古代研究（民俗學編1）」『折口信夫全集第二巻』中央公論社、一九六七年
◇鈴木棠三『対馬の神道』三一書房、一九七二年

矢八宮
◇熊本県水俣市浜。
◇『肥後國誌』青潮社、一九七一年

為朝伝説
◇沖縄県今帰仁村運天。
◇曲亭馬琴『椿説弓張月』岩波書店、一九三〇年
◇羽地朝秀『中山世鑑』伊波普猷文庫によれば、「一六五〇年、初めての琉球正史。主に中国年号を用い和文で書かれている。中国側資料としては皇帝の詔勅・文書、冊封使録等が使われ、日本側の資料としては『琉球神道記』『南浦文集』等が使われている。また沖縄最初の王舜天が源為朝の子であるという説が『保元物語』から採られ、後世の史書に踏襲された」
◇関幸彦『蘇る中世の英雄たち』中央公論社、一九九八年

運天にて
◇沖縄県今帰仁村運天。
◇曲亭馬琴『椿説弓張月』岩波書店、一九三〇年

永尾神社
◇熊本県宇城市不知火町永尾。
◇谷川健一編『九州の神々』星雲社、二〇〇一年
◇丸山顯徳『沖縄の民話と他界観』海鳴社、一九八三年

海神の民
◇熊本県宇城市不知火町和田。

◇嶋谷力夫「松合の漁業空針」『燎火』四号一九九五年
◇武光誠『地名の由来を知る事典』東京堂出版、一九九七年

【第四章】民俗と伝承

八朔
◇熊本市池上町。
◇『公事根源』一四二三年――宮中の公事や儀式の記録書。
◇柳田國男「人とズダマ」一九五三年『柳田國男全集1』筑摩書房
◇小野重朗「八朔と七夕・その性格」一九九三年『宮崎県の民俗第48号』
◇『熊本県の民俗地図』一九七七年
◇嶋谷力夫「竜燈伝説と中国諸書の怪火」二〇〇三年『魂うつれ第15号』

十五夜綱引き
◇熊本県天草市倉岳町棚底曙地区。
◇小野重朗『十五夜綱引の研究』慶友社、一九七二年・「私と民俗学」一九九〇年『暗河47』(小野重朗傘寿記念講演会)

奄美の八月
◇鹿児島県奄美大島龍郷町秋名。
◇小野重朗『南島歌謡』NHKブックス、一九七七年・『奄美民俗文化の研究』法政大学出版局、一九八二年
◇外間守善(校注)『おもろそうし上・下』岩波書店、二〇〇〇年
◇「おもろそうし」――沖縄最古の歌謡集。二十二巻。一五五四首。一五三一〜一六二三年成立。首里王府が奄美・沖縄の島々や村々に伝わる「オモロ」を採録集成したもの。原本は一七〇九年焼失、写本が残る。「オモロ」は「ウムイ」といった。「ウムイ」は「思ひ」の転訛。
◇柳田國男「稲の産屋」一九五三年、『柳田國男全集1』筑摩書房
◇文英吉『奄美民謡大観』一九六六年
◇『南島歌謡大成』角川書店、一九七九年
◇松浦豊敏『海流と潟』現代企画室、一九九〇年

松橋のヤブサ
◇熊本県宇城市松橋町西下郷。
◇折口信夫『折口信夫全集第十六巻』所収、昭和十二(一九三七)年発表の「琉球國王の出自」には、一三三八年頃、名和氏が八代に入部した際、伯耆以来の家臣、上神氏を葦北佐敷城、嘉悦氏を津奈木城、進眞春を田浦城、本郷氏を水俣城、内河氏を小川城に配した。名和氏は八代湾の北頭にある豊福城(松橋町)を根據に不知火の海岸線を占めた。

薩摩の八房
◇鹿児島県串木野市。
◇曲亭馬琴『椿説弓張月』岩波書店、一九三〇年

高田の八房
◇熊本県八代市高田。

モイドン

◇鹿児島県指宿市上西園。沖縄県首里市首里城内。
◇小野重朗『神々と信仰・小野重朗著作集2』第一書房、一九九二年

ヤブサの古形

◇鹿児島県下甑島瀬々之浦。
◇折口信夫『折口信夫全集第二巻』「古代研究（民俗學編1）」中央公論社、一九六七年
◇鈴木棠三『対馬の神道』三一書房、一九七二年
◇小野重朗「矢房神（ヤブサドン）」『民俗神の系譜』法政大学出版局、一九八一年

ヨイトンナ

◇熊本県天草市倉岳町棚底・熊本県八代市泉町五家荘・宮崎県椎葉村日添・沖縄県八重山石垣市川平。
◇小野重朗『生活と儀礼・小野重朗著作集1』第一書房、一九九二年
◇『熊本の民俗』熊本日日新聞社、一九七六年

鱏神社

◇熊本県八代市古麓。
◇名和達夫「鱏と名和系図」『夜豆志呂七二号』・「鱏神社神殿修復遷座祭とその沿革」『夜豆志呂九一号』
◇『肥後國誌』青潮社、一九七一年

鱏

◇熊本県八代市新浜町。八代市鏡町文政。
◇『原色魚類検索図鑑』北隆館、一九八九年

琉球と名和氏

◇沖縄県島尻郡佐敷町・島尻郡玉城村・那覇市波之上・熊本県佐敷町（芦北町）。
◇折口信夫『折口信夫全集第十六巻』所収、昭和十二（一九三七）年発表の「琉球國王の出自」

琉球のヤブサ

◇沖縄県島尻郡玉城村。
◇谷川健一『古代海人の世界』小学館、一九九五年
◇折口信夫「古代研究（民俗學編1）」『折口信夫全集第二巻』中央公論社、一九六七年
◇鈴木棠三『対馬の神道』三一書房、一九七二年
◇『玉城村誌』一九七七年
◇『佐敷町史2民俗』一九八四年

海耕

◇熊本県葦北郡芦北町計石・不知火海。
◇松浦豊敏『海流と潟』現代企画室、一九九〇年。松浦さんの上記所収、「有明海の営み」の中から、印象的な一文をここで紹介したい。それというのも拙文「海耕」を書くきっかけとなったからだ。

有明海の夕映えは、金色のガラスを流したようにして

やって来る。目の前の岬やその沖の小舟を影絵のように残して、空も海も一面金色に染まる。またあるときは、夕陽は波の動きに揺れながら、海の火柱となって燃え上がる。有明海の恍惚の一瞬である。

夕凪の干潟まぶしみ生貝や弥勒むく子額髪にして

白秋の歌である。絵にかいたような干潟生活者の一景である。

金峰山の山裾の海岸線に、いくつかの漁港が点在している。熊本よりから百貫・近津・河内など。小漁の舟や海苔舟に占領されたそれらの漁港も、つい先ごろまでは有明海打瀬漁の根拠地であった。最盛期には一〇〇艘近い打瀬舟がたむろしていたという。

【第五章】 シラの行方

鬼火

◇熊本県宇城市不知火町。

◇小野重朗『神々と信仰・小野重朗著作集2』第一書房、一九九二年

東風留

◇熊本県上天草市龍ヶ岳町東風留。

しびやさん

◇熊本県上天草市龍ヶ岳町高戸、大道。

◇柳田國男「河童駒引」一九一四年『柳田國男全集5』筑摩書房

◇小馬徹「河童相撲考」『歴史民俗学へのエチュード』、小松和彦（編）『河童』〔怪異の民俗学3〕河出書房新社、二〇〇〇年

◇田上繁（編）『渋江公昭家文書目録（一）』神奈川大学大学院歴史民俗資料学研究科、二〇〇五年

◇濱名志松『天草伝説集』葦書房、一九八二年・『天草・霊験の神々』国書刊行会、一九九〇年

イワシカゴ

◇熊本県水俣市梅戸町。鹿児島県出水郡長島町・東町。

古江岳

◇熊本県天草市河浦町。

◇土橋寛『日本語に探る古代信仰』中央公論社、一九九〇年

コト

◇沖縄県中頭郡北中城村熱田。鹿児島県奄美大島瀬戸内町。熊本県天草市河浦町久留。

◇小野重朗『生活と儀礼・小野重朗著作集1』一九九二年・『南島の祭り・小野重朗著作集6』第一書房、一九九四年

ヤブサの行方

◇熊本県菊池市木柑子。熊本県球磨郡球磨村永椎・球磨村中渡。

◇熊本県神社庁菊池支部『菊池郡市神社誌』一九六七年

◇上米良利晴編著『熊本県神社誌』青潮社復刻版、一九八一年

高千穂のヤブサ

◇宮崎県西臼杵郡高千穂町。
◇小手川善次郎『高千穂神楽』小手川善次郎遺稿出版会編、一九七六年
◇山口麻太郎「壱岐に於けるヤボサ神の研究」『国学院雑誌』一九四一年

諸塚のヤブサ

◇宮崎県東臼杵郡諸塚村七ツ山弓木。七ツ山小原井矢左右。
◇諸塚町役場『諸塚村史』一九六二年
◇南川公民館『南川郷土史』一九九一年
◇諸塚村教育委員会『諸塚の文化財』一九八六年
◇西米良村史編さん委員会『西米良村史』一九七三年
◇東米良郷土誌編さん委員会『郷土誌』一九九三年
◇『宮崎県神社誌』宮崎県神社庁、一九八八年

白嶽

◇熊本県上天草市姫戸町。
◇姫戸町教育委員会『郷土（ふるさと）—年輪と成長—』一九八二年

シライオ

◇熊本県宇城市不知火町。八代郡竜北町。
◇日本民俗文化大系５『山民と海人』小学館、一九八三年
◇『くまもと自然大百科』熊本日日新聞社、一九九五年

南島のシラ

◇沖縄県島尻郡知念村久高。
◇谷川健一・比嘉康雄『神々の島—沖縄久高島のまつり』平凡社、一九七九年

シラニナイ

◇熊本県葦北郡芦北町女島。
◇宮田登『白のフォークロア』平凡社、一九九四年

〈著者略歴〉

江口　司（えぐち・つかさ）

一九五一年熊本県生まれ。
一九七一年より九州山地に入り、自然に魅了され、通いつづける中、民俗学者、小野重朗氏と宮崎県諸塚村七ツ山で出会い以後師事する。
著書に『山里の酒』（共著、葦書房）／『日向市史・民俗編』（執筆・写真、宮崎県日向市）などがある。季刊『銀花』百二十三号（文化出版局）、『自然と文化』60・63・72号（日本ナショナルトラスト）などに執筆。

不知火海《しらぬいかい》と琉球弧《りゅうきゅうこ》

二〇〇六年八月一〇日発行

著　者　江口《えぐち》　司《つかさ》
発行者　三原浩良
発行所　弦　書　房
（〒810・0041）
福岡市中央区大名二―二―四三
ELK大名ビル三〇一
電　話　〇九二・七二六・九八八五
FAX　〇九二・七二六・九八八六

印刷　九州電算株式会社
製本　篠原製本株式会社

落丁・乱丁の本はお取り替えします。

ISBN4-902116-60-X　C0095